Paramahansa Yogananda
(1893 –1952)

ORD PÅ VÄGEN

AV

PARAMAHANSA YOGANANDA

Self-Realization Fellowship

FOUNDED 1920 BY PARAMAHANSA YOGANANDA

OM DENNA BOK: Denna samling med Paramahansa Yoganandas betraktelser, anekdoter och visdomsord utgavs ursprungligen av Self-Realization Fellowship som *The Master Said,* år 1952, strax efter hans bortgång. Boken sammanställdes och trycktes av medlemmar i Self-Realization Fellowship-orden, en orden skapad av Paramahansa Yogananda, och har funnits i tryck i över sjuttio år. Vi tackar alla lärjungar som delat med sig av sina personliga konversationer och upplevelser av Sri Yogananda.

Originalets titel på engelska publicerat av
Self-Realization Fellowship, Los Angeles (Kalifornien)
Sayings of Paramahansa Yogananda

ISBN: 978-0-87612-116-0

Översatt till svenska av Self-Realization Fellowship

Copyright © 2025 Self-Realization Fellowship

Första svenska upplagan, 2025
First edition in Swedish, 2025
Denna tryckning, 2025
This printing, 2025

ISBN: 978-1-68568-280-4

5061-J8881

INNEHÅLL

BILDFÖRTECKNING

Paramahansa Yogananda:

Andra:

s

PARAMAHANSA YOGANANDAS ANDLIGA ARV

Hans kompletta skrifter, föredrag och informella samtal

Paramahansa Yogananda grundade Self-Realization Fellowship[1] år 1920, i syfte att sprida sin undervisning världen över och samtidigt bevara dess äkthet och integritet till kommande generationer. Redan under de tidiga åren i Amerika var han produktiv som skribent och föredragshållare och skapade efterhand en beryktad och omfattande samling verk kring yogavetenskapen om meditation, om konsten att leva ett balanserat liv samt om alla de stora religionernas underliggande enhet. Idag lever detta unika och vittomspännande andliga arv vidare och inspirerar miljontals sanningssökare världen över.

I enlighet med Masters uttryckliga önskan har Self-Realization Fellowship fortsatt arbetet med att publicera och hålla *Paramahansa Yoganandas kompletta verk*

---

[1] Bokstavligen "Samfundet för Självförverkligande". Paramahansa Yogananda förklarade att namnet Self-Realization Fellowship betyder "Gemenskap med Gud genom Self-realization, och vänskap med alla sanningssökande själar." Se även ordlista och "Self-Realization Fellowships mål och ideal".

tillgängliga i tryck. Dessa omfattar inte bara de slutliga utgåvorna av de böcker han publicerade under sin livstid, utan även många nya titlar. Skrifter som var opublicerade vid hans bortgång år 1952, eller hade publicerats som följetong i ofullständig form i Self-Realization Fellowship magazine - liksom hundratals djupt inspirerande föredrag och informella samtal som spelats in, men inte publicerats.

Paramahansa Yogananda valde själv ut och tränade de närmaste lärjungarna - vilka senare bildade Self-Realization Fellowships Publications Council, och gav dem specifika riktlinjer för hur hans undervisning skulle förberedas och publiceras. Medlemmarna i Self-Realization Fellowships Publications Council (munkar och nunnor som vigt sina liv åt livslång försakelse och osjälviskt tjänande) hedrar dessa riktlinjer som ett heligt förtroende, så att denne älskade världslärares universella budskap ska leva vidare i sin ursprungliga kraft och äkthet.

Self-Realization Fellowships emblem (se ovan) utsågs av Paramahansa Yogananda som ett kännetecken för den ideella organisation han grundade och vilken är den auktoriserade källan till hans läror. SRF:s namn och emblem syns på alla Self-Realization Fellowships publikationer och inspelningar, som en garanti för läsaren att verket har sitt ursprung i den organisation som Paramahansa Yogananda grundade och att den förmedlar hans undervisning så som han själv avsåg.

—Self-Realization Fellowship

FÖRORD

Vem kan med rätta kallas för master eller mästare? Man kan med all säkerhet säga att ingen vanlig människa kan leva upp till denna titel. Endast vid sällsynta tillfällen kommer till jorden, en av dem i det heliga sällskap som den Galileiska mästaren hänvisade till: "Den som tror på mig [på Kristus Medvetandet], han kommer också göra de gärningar som jag gör."[2]

Människor blir mästare genom att disciplinera det lilla jaget, eller egot. Genom att avlägsna alla begär förutom ett - det efter Gud. Genom att vara odelat hängiven Honom och genom djup meditation, eller själs-gemenskap med den Universella Anden. Den vars medvetande är orubbligt etablerat i Gud, den enda Verkligheten, kan med rätta kallas en Mästare.

Paramahansa Yogananda, mästaren vars ord är kärleksfullt återgivna i denna bok, var en världslärare. Han betonade den grundläggande samstämmigheten i alla stora skrifter och eftersträvade att förena Öst och Väst med de bestående banden av andlig förståelse. Genom

[2] John 14:12.

sitt liv och sina texter tände han i oräkneliga hjärtan, en gudomlig gnista av kärlek till Gud. Han levde oklanderligt enligt de högsta andliga lagarna och förkunnade att alla som söker den Himmelske Fadern, oavsett deras tro, är lika älskade av Honom.

En universitetsutbildning och många år av sträng, disciplinerad andlig träning under gurun (andlig lärare) Swami Sri Yukteswar i hemlandet Indien, förberedde Paramahansa Yogananda för hans mission i Väst. Han kom till Boston år 1920, som den Indiska delegaten till Kongressen för Religiösa Liberaler, och stannade i Amerika i över trettio år (förutom ett återbesök i Indien år 1935-36).

Hans strävan att väcka en längtan hos andra efter att vara i kontakt med Gud blev en fenomenal framgång. I hundratals städer slog hans yoga-klasser[3] rekord i antal deltagare. Han initierade personligen 100.000 studenter.

För dem som önskar ägna sig helt och fullt åt det andliga sökandet grundade Master flera Self-Realization Fellowship ashrams i södra Kalifornien. Där studerar, arbetar och ägnar sig många sanningssökare åt det meditations-utövande som stillar sinnet och väcker själs-medvetande.

---

[3]   Se ordlista.

Följande händelse ur Masters liv i Amerika illustrerar den kärlek med vilken andligt medvetna människor tog emot honom:

Under en resa till olika delar av USA, stannade han en dag för att besöka ett kristet kloster. Bröderna uppvisade en viss misstänksamhet när de såg hans mörka hy, långa svarta hår och ockrafärgade dräkt - traditionella kläder för munkar i Swami Orden[4]. De tog honom för en hedning och höll på att förvägra honom audiens med abboten, när denne plötsligt kom in i rummet. Med öppna armar gick abboten fram, omfamnade Paramanansaji[5] och utropande glädjestrålande: "Du Guds man! Jag är så lycklig att du har kommit!"

I denna bok ges ett antal ögonblicksbilder av Masters mångfacetterade natur - glödande av medkännande förståelse för människan och gränslös i sin kärlek till Gud.

Det är ett privilegium och ett heligt ansvar för Self Realization Fellowship, samfundet som grundades av Paramahansa Yogananda för att sprida och bevara all hans undervisning och skrifter, att få publicera detta urval av Masters uttalanden. Denna volym är tillägnad hans världsomspännande familj av Self-Realization Fellowships studenter och alla andra sökare av sanningen.

---

[4] Se ordlista.
[5] Se *ji* i ordlistan.

ORD PÅ VÄGEN

AV

PARAMAHANSA YOGANANDA

Ord på vägen av
Paramahansa Yogananda

"Sir, vad ska jag göra för att hitta Gud?" frågade en elev. Master svarade:

"Under varje liten ledig stund, låt ditt sinne dyka ner i den oändliga tanken på Honom. Tala förtroligt med Honom. Han är den närmaste av de nära, den käraste av de kära. Älska Honom som en girig älskar pengar, som en passionerad älskar sin käresta, som en drunknande älskar andetaget. När du längtar efter Gud med sådan intensitet, kommer Han till dig."

❖ ❖ ❖

En elev klagade inför Master över att han inte kunde hitta ett arbete. Gurun[1] sa:

"Håll inte kvar din destruktiva tanke. Som en del av universum har du en oumbärlig plats där. Om så krävs, rör upp himmel och jord för att hitta ditt jobb! Ge aldrig

[1] Se ordlista.

3

upp - och du kommer att lyckas."

❖ ❖ ❖

"Jag önskar att jag hade tro, Master", sa en man. Paramahansaji svarade:
"Tro måste kultiveras, eller snarare avtäckas, inom oss. Den finns där men måste tas fram. Om du betraktar ditt liv kommer du att se de oräkneliga sätt på vilka Gud verkar genom det - din tro kommer då att stärkas. Få letar efter Hans dolda hand. De flesta betraktar händelsernas förlopp som naturligt och oundvikligt. De anar inte vilka radikala förändringar som är möjliga genom bön!"

❖ ❖ ❖

En viss lärjunge blev upprörd vid minsta antydan om hans brister. En dag sa Paramahansaji:
"Varför reagerar du mot att bli tillrättavisad? Är det inte därför jag är här? Min guru kritiserade mig ofta inför andra. Jag tog inte illa upp eftersom jag visste att Sri Yukteswarji försökte avlägsna min okunnighet. Jag är inte längre känslig för kritik - inom mig finns inga ömtåliga ställen kvar som kan skadas av andras beröring.

"Det är därför jag är tydlig med dina brister. Om du inte läker de sårbara ställena i ditt sinne, kommer du att rycka till varje gång någon vidrör dem."

❖ ❖ ❖

Master sa till en grupp lärjungar:
"Gud har ordnat detta besök på jorden åt oss, men de flesta förvandlas till oönskade gäster genom att betrakta vissa saker här som sina ägodelar. Glömska av att vår vistelse endast är tillfällig, skapar vi olika bindningar: 'Mitt hem', 'mitt arbete', 'mina pengar', 'min familj'.
"Men när vårt jordvisum löper ut, försvinner alla mänskliga band. Vi tvingas överge allt det vi trodde oss äga. Den Ende som följer oss överallt är vår Evige Släkting - Gud.
"Inse *nu* att ni är en själ och inte en kropp. Varför vänta på att Döden ohövligt ska undervisa er?"

❖ ❖ ❖

Master hade ansett det nödvändigt att tillrättavisa en lärjunge angående ett allvarligt misstag. Senare sa han med en suck:
"Jag önskar att jag kunde påverka endast genom

kärlek. Jag blir ledsen när jag tvingas ta till andra sätt."

❖ ❖ ❖

En arrogant intellektuell som diskuterade in-vecklade filosofiska problem sökte förvirra Master. Paramahansaji sa med ett leende:
"Sanningen är aldrig rädd för frågor."

❖ ❖ ❖

"Jag är så djupt insnärjd i mina misstag att jag inte gör några andliga framsteg", anförtrodde sig sorgset en elev till Paramahansaji. "Mina dåliga vanor är så starka att jag blivit utmattad av att försöka bekämpa dem."

"Kommer du att vara bättre rustad att bekämpa dem i morgon än du är idag?" frågade Master. "Varför adde-ra dagens misstag till gårdagens? Du måste någon gång vända dig till Gud - är det inte bättre att göra det nu? Bara överlämna dig till Honom och säg: 'Herre, vare sig jag är olydig eller god - så är jag Ditt barn. Du måste ta hand om mig.' Om du inte ger upp kommer du att lyckas. 'Ett helgon är en syndare som aldrig gav upp.'"

❖ ❖ ❖

"När den inre glädjen är frånvarande vänder sig människan till det onda", sa Master. "Att meditera på Lycksalighetens Gud genomsyrar oss med godhet."

♦ ♦ ♦

"Kropp, sinne och själ hänger samman", sa Master. "Du har en skyldighet gentemot kroppen – att hålla den i form, en skyldighet gentemot sinnet – att utveckla dess krafter och en skyldighet gentemot själen – att dagligen meditera över Källan till din existens. Om du uppfyller din plikt gentemot själen gagnar det också kroppen och sinnet, men om du försummar själen kommer till slut även kroppen och sinnet att bli lidande."

♦ ♦ ♦

"Allt i skapelsen äger individualitet", sa Master. "Herren upprepar sig aldrig. På samma sätt finns oändliga variationer i hur människan närmar sig och uttrycker sitt andliga sökande. Varje lärjunges romans med Gud är unik."

♦ ♦ ♦

"Hjälper din undervisning dina elever att vara

i harmoni med sig själva?" frågade en besökare.
Paramahansaji svarade:
"Ja, men det är inte det centrala i min lära. Det bästa
är att leva i harmoni med Gud."

❖ ❖ ❖

En av ashramets besökare uttryckte tvivel om männ-
iskans odödlighet. Master sa:
"Försök inse att du är en gudomlig resenär. Du är
här endast ett litet tag, sedan reser du vidare till en an-
norlunda och fascinerande värld.[2] Begränsa inte din tan-
ke till ett enda kort liv och en liten jord. Minns Andens
oändlighet som bor inom dig."

❖ ❖ ❖

"Människan och naturen är oupplösligt sammanlän-
kande och bundna till ett gemensamt öde", sa Master.
"Naturens krafter samverkar för att tjäna människan.
Solen, jorden, vinden, regnet hjälper till att producera
hennes föda. Människan vägleder naturen, om än oftast
ovetande. Översvämningar, tornados, jordbävningar
och alla andra naturkatastrofer är resultatet av ett myller

---

[2] Se *astrala världar* i ordlistan.

av felaktiga mänskliga tankar. Varje blomma vid vägkanten är ett uttryck för någons leende, varje mygga ett förkroppsligande av någons bitska tal.

"Den tjänande naturen gör uppror och blir bångstyrig när skapelsens mästare sover. Ju mer andligt uppvaknad människan blir, desto lättare kommer hon kunna kontrollera naturen."

❖ ❖ ❖

"Mjölk som hälls i vatten blandas, men smör som kärnats från mjölk, flyter ovanpå", sa Master. "På samma sätt späds mjölken i en vanlig persons sinne snabbt ut av illusionens vatten.[3] En människa med andlig självdisciplin kärnar sitt sinnes mjölk till smör av gudomlig fasthet. Fri från jordiska begär och bindningar kan hon lugnt flyta ovanpå det världsliga livets vatten - för evigt upptagen med Gud."

❖ ❖ ❖

När en viss elev blev sjuk rådde Paramahansaji henne att gå till doktorn. En annan lärjunge frågade: "Master, varför botade inte *ni* henne?"

[3] Se *maya* i ordlistan.

9

"De som har tagit emot kraften att hela från Gud använder den endast när Han så befaller", svarade gurun. "Herren vet att det ibland är nödvändigt för Hans barn att genomgå lidande. Människor som önskar få gudomligt helande måste vara redo att leva enligt Guds lagar. Ingen bestående healing är möjlig om en person fortsätter göra om samma misstag och därigenom inbjuder sjukdomen att återkomma.

"Verkligt helande uppnås endast genom andlig förståelse", fortsatte han. "Människans okunnighet om sin sanna natur eller själ är grundorsaken till all ondska – fysisk, materiell och mental."

❖ ❖ ❖

"Sir, jag tycks inte göra några framsteg i mina meditationer. Jag varken ser eller hör någonting", sa en elev. Master svarade:

"Sök Gud för Hans egen skull. Den högsta insikten är att känna Honom som den Lycksalighet som väller upp ur dina oändliga djup. Sträva inte efter visioner, andliga fenomen, eller spännande upplevelser. Vägen till det Gudomliga är inte en cirkus!"

❖ ❖ ❖

"Hela universum består av Ande", sa Master till en grupp lärjungar. "En stjärna, en sten, ett träd, en människa - allt är uppbyggt av den Enda Substansen, Gud. För att få till stånd en varierad skapelse var Herren tvungen att ge allting ett *sken* av individualitet.

"Vi skulle snabbt tröttna på det jordiska spektaklet om vi direkt kunde se att endast En Person producerar pjäsen – skriver manus, målar scenerierna, regisserar skådespelarna, spelar alla roller. Men *'the show must go on'*. Därför har Mäster Dramatikern, genom hela kosmos, manifesterat en ofattbar uppfinningsrikedom och outtömlig variation. Till overkligheterna har Han givit en skenbar verklighet."

"Master, varför måste föreställningen fortsätta?" frågade en lärjunge.

"Det är Guds *lila*, lek eller spel", svarade gurun. "Han äger rätten att dela Sig Själv i många, om Han så vill. Meningen med allt är att människan ska genomskåda Hans trick. Om Gud inte dolde Sig Själv under *mayas* slöja, skulle det inte finnas något Kosmiskt Skapelsespel. Vi tillåts leka kurragömma med Honom, försöka hitta Honom och vinna den Högsta Vinsten."

❖ ❖ ❖

Till en grupp lärjungar sa Master:

"Jag vet att, om jag inte hade någonting, så äger jag i er vänner som skulle göra allt för mig. Och ni vet att ni i mig äger en vän som skulle hjälpa er på alla sätt. Vi ser Gud i varandra. Det är den vackraste av relationer."

◆ ◆ ◆

Master insisterade vanligtvis på tystnad bland dem som var runt honom. Han förklarade: "Från tystnadens djup skjuter Guds varma källa av lycksalighet ofelbart upp och flödar över människans väsen."

◆ ◆ ◆

Lärjungarna ansåg det som ett privilegium att få tjäna sin guru som oavbrutet arbetade för deras bästa. Till några som hade utfört arbete åt Honom sa Master:

"Ni är alla så vänliga mot mig med era många omsorger."

"Åh nej! Det är ni som är vänlig mot oss, Master", utbrast en lärjunge.

"Gud hjälper Gud", sa Paramahansaji med sitt vänliga leende. "Det är det som är själva 'intrigen' i Hans dramatisering av människans liv."

❖ ❖ ❖

"Göra sig av med alla begär, göra sig av med egot – i mina öron låter allt det där väldigt negativt Master", anmärkte en elev. "Om jag skulle överge så mycket, vad finns då kvar?"

"Allting faktiskt, för du blir rik i Anden - den Universella Substansen", svarade Master. "Inte längre en förvirrad tiggare, som nöjer sig med en brödkant och några få fysiska bekvämligheter, kommer du att ha återtagit din upphöjda plats som en son till den oändliga Fadern. Det är inte ett negativt tillstånd!"

Han tillade, "Förvisa egot och det sanna Självet lyser igenom. Gudomligt förverkligande är ett tillstånd som är omöjligt att förklara eftersom ingenting annat kan jämföras med det."

❖ ❖ ❖

När Master skulle förklara Treenigheten för en grupp lärjungar, använde han följande liknelse:

"Vi skulle kunna säga att Gud Fader, som existerar i det vibrationslösa tomrummet bortom fenomenen, är Kapitalet som 'backar upp' skapelsen. Sonen, det intelligenta Kristusmedvetande som genomsyrar världsalltet, är Styrelsen. Och den Helige Ande, den gudomliga

13

osynliga vibratoriska kraften som skapar kosmos alla former, är Arbetskraften."[4]

❖ ❖ ❖

"Master, ni har lärt oss att inte be om saker, utan bara önska att Gud visar Sig för oss. Kan vi aldrig be Honom uppfylla ett visst behov?" frågade en lärjunge.

"Det är inte fel att berätta för Herren att vi vill ha något", svarade Paramahansaji, "men det visar på större tillit om vi bara säger: 'Himmelske Fader, jag vet att Du kan förutse alla mina behov. Stötta mig på det sätt Du finner bäst.'

"Om en person väldigt gärna vill ha en bil och ber tillräckligt intensivt, kommer hon att få den. Men att äga en bil är kanske inte det bästa för henne. Ibland nekar Herren oss uppfyllelsen av våra små böner för att Han har för avsikt att ge oss en bättre gåva." Han tillade, "Lita mer till Gud. Tro på att Han som skapat dig också tar hand om dig."

❖ ❖ ❖

En lärjunge som upplevde att han misslyckats i en

---

[4] Se *Sat-Tat-Aum* i ordlistan.

svår andlig prövning började förakta sig själv. Master sa:

"Se inte på dig själv som en syndare. Att göra det är att kränka det gudomliga inom dig. Varför identifiera dig med dina svagheter? Bejaka istället sanningen *Jag är ett Guds barn.* Be till Honom: 'Olydig eller god, så är jag Din egen. Återuppväck mitt minne av Dig, O Himmelske Fader!'"

♦ ♦ ♦

"Jag tänker ofta att Gud glömmer bort människan", anmärkte en besökare vid Encinitas[5] Ashram. "Herren håller verkligen distansen."

"Det är människan som håller distansen", svarade Master. "Vem söker Gud? De flesta personer fyller sina mentala tempel med avgudar av rastlösa tankar och begär - Gud ignoreras. Trots det sänder Han då och då Sina upplysta söner för att påminna människan om hennes gudomliga arv.

"Gud överger oss aldrig. I tysthet arbetar Han med att, på alla sätt, hjälpa sina älskade barn och påskynda deras andliga utveckling."

---

[5] Encinitas är en stad vid havet i södra Kalifornien. Det är platsen för ett av SRF's ashram som Yoganandaji grundade år 1937.

❖ ❖ ❖

Till en ung lärjunge som sökte Masters råd sa han:
"Världen skapar dåliga vanor i dig, men världen
kommer inte stå till svars för dina misstag som grundar
sig i dessa vanor. Så varför ge all din tid åt en falsk vän
- världen? Reservera en timme om dagen åt vetenskap-
ligt utforskande av själen. Förtjänar inte Gud - Givaren
av ditt liv, din familj, dina pengar och allt annat - en
tjugofjärdedel av din tid?"

❖ ❖ ❖

"Sir, varför förlöjligar vissa människor helgonen?"
frågade en lärjunge. Master svarade:
"Ogärningsmän hatar sanningen och världsliga
människor är nöjda med livets upp- och nedgångar.
Ingen av dem vill förändras. Tanken på ett helgon får
dem därför att känna sig obekväma. De kan liknas vid
en människa som bott många år i ett mörkt rum. Någon
kommer in och tänder ljuset. För den halvblinda männ-
iskan verkar det plötsliga skenet onaturligt."

❖ ❖ ❖

En dag när Master pratade om rasfördomar sa han:

16

"Gud tycker inte om att bli förolämpad när Han bär sina mörka kostymer."

❖ ❖ ❖

"Vi bör varken låta oss skrämmas av mardröm-mar om smärta eller bli onödigt upprymda av vackra erfarenheter", sa Master. "Genom att dröja kvar vid dessa av *mayas* oundvikliga dualiteter eller 'motsats-par', tappar vi kontakten med tanken på Gud - den Oföränderliga Lycksalighetens Hemvist. När vi vaknar i Honom, kommer vi inse att det jordiska livet endast är en film gjord av skuggor och ljus, projicerad på en kosmisk filmduk."

❖ ❖ ❖

"Fastän jag försöker lugna mitt sinne, saknar jag kraften att utestänga rastlösa tankar och tränga in till den inre världen", anmärkte en besökare. "Jag måste sakna hängivenhet."

"Sitta i tystnad och försöka känna hängivenhet tar dig oftast ingenstans", sa Master. "Det är därför jag lär ut vetenskapliga meditationstekniker. Praktisera dem och du kommer att kunna stänga av sinnet från alla känslomässiga distraktioner och det annars ständiga

17

flödet av tankar."

Han tillade, "Genom *Kriya Yoga*[6] verkar ens medvetande på ett högre plan. Hängivenhet till den Oändlige Anden uppstår då spontant i människans hjärta."

❖ ❖ ❖

Sri Yoganandaji beskrev på följande sätt tillståndet av "overksamhet", omnämnt i Bhagavad Gita:[7]

"När en sann yogi utför en handling, är det karmiskt sett som att skriva på vatten. Inte ett spår finns kvar."[8]

❖ ❖ ❖

En elev hade svårt att föreställa sig att Gud bor i människans kropp. Master sa:

"Precis som glödande kol avslöjar närvaron av eld,

[6] Se ordlista.

[7] Se ordlista.

[8] Dvs; det skapas ingen karma. Endast en Mästare är en fri människa – en som obunden av karma (den ofrånkomliga kosmiska lag som håller oupplysta människor ansvariga för sina tankar och handlingar). Då Lord Krishna försökte övertala Arjuna att kämpa på slagfältet, försäkrade han honom om att han inte skulle ådra sig någon karma ifall han agerade som Guds representant, utan egoistiskt medvetande.

visar kroppens fantastiska mekanism på den verksamma närvaron av Ande."

❖ ❖ ❖

"Somliga tror inte att en lärjunge, utan att ha gått igenom stora prövningar, kan bli ett helgon. Andra hävdar att en person som nått insikt om Gud borde vara fri från allt lidande", sa Master under en föreläsning.

"Varje Mästares liv följer ett visst, osynligt mönster. S:t Franciskus var drabbad av sjukdomar, den alltigenom befriade Kristus lät sig frivilligt bli korsfäst. Andra stora personligheter såsom S:t Thomas av Aquino och Lahiri Mahasaya[9] framlevde sina dagar utan någon större stress eller tragedi.

"Helgon uppnår slutlig frälsning oberoende av bakgrund. Sanna helgon demonstrerar att de kan, oavsett yttre omständigheter, återspegla den Gudomliga Avbilden inom sig. De spelar den roll som Gud önskar, vare sig den är förenlig med den allmänna opinionen eller inte."

❖ ❖ ❖

[9] Se ordlista.

En ung man på ashramet älskade att skoja med sin omgivning. Livet var för honom en ständig komedi. Hans munterhet välkomnades ibland, men den hindrade också de andra lärjungarna från att lugnt koncentrera sig på Gud. En dag gav Paramahansaji pojken en mild tillrättavisning.

"Du behöver lära dig att bli mer seriös", anmärkte han.

"Ja, Master", svarade lärjungen, som uppriktigt beklagande sin rastlöshet. "Men min ovana är så stark! Hur kan jag förändras utan din välsignelse?"

Gurun försäkrade honom allvarligt:

"Min välsignelse finns där. Guds välsignelse finns där. Endast din egen välsignelse behövs!"

❖ ❖ ❖

"Gud förstår dig när alla andra missförstår dig", sa Master. "Han är Älskaren som alltid finns där, oavsett dina misstag. Andra ger dig sin tillgivenhet ett tag och lämnar dig sedan. Men Han överger dig aldrig.

"Varje dag och på otaliga sätt söker Gud din kärlek. Han straffar dig inte om du ratar Honom, men du straffar dig själv. Du kommer upptäcka att 'allting sviker

20

dig, som har svikit Mig.'"[10]

♦ ♦ ♦

"Sir, godtar ni kyrkliga ceremonier?" frågade en elev. Master svarade:

"Religiösa riter kan hjälpa människan att tänka på Gud, hennes Oändlige Skapare. Men om det blir för många ritualer glömmer alla bort vad det handlar om."

♦ ♦ ♦

"Vad är Gud?" frågade en elev.

"Gud är Evig Lycksalighet", svarade Master. "Hans väsen är kärlek, visdom och glädje. Han är både personlig och opersonlig och Han manifesterar Sig på det sätt som passar Honom. Inför sina helgon uppträder Han i den skepnad som var och en av dem håller kär: En kristen ser Kristus, en hindu upplever Krishna eller den Gudomliga Modern[11] och så vidare. Lärjungar vars tillbedjan är av det opersonliga slaget, blir medvetna om Gud som ett oändligt Ljus eller som det underbara ljudet

---

[10] *The Hound of Heaven,* av Francis Thompson.
[11] Se ordlista.

Aum[12] - det ursprungliga Ordet, den Helige Anden. Den högsta upplevelsen en människa kan vara med om är att få känna den Lycksalighet som fullständigt rymmer varje aspekt av Gudomlighet - kärlek, visdom och odödlighet.

"Men hur kan jag i ord förmedla Guds natur till er? Han är outsäglig, obeskrivlig. Endast i djup meditation kan ni förstå hans unika väsen."

❖ ❖ ❖

Efter ett samtal med en självupptagen besökare påpekade Master:

"Guds regn av godhet kan inte samlas på bergstoppar av högmod, men rinner med lätthet in i dalgångar av ödmjukhet."

❖ ❖ ❖

Varje gång Master mötte en viss lärjunge som var av den verkligt intellektuella sorten, brukade han säga:

"Hitta din hängivenhet! Minns Jesu ord: 'Fader, du har dolt dessa saker för de kloka och kunniga men

---

[12] Se ordlista.

Paramahansa Yogananda vid en informell samling för vänner och medlemmar i Self-Realization Fellowship, Beverly Hills, Kalifornien, 1949.

uppenbarat dem för barnen.'"[13]

Lärjungen besökte Master vid hans retreat i öknen strax före julen 1951. På ett bord låg några leksaker, avsedda som gåvor. Med barnslig förtjusning lekte Paramahansaji med dem en stund och frågade sedan den unge mannen: "Vad tycker du om dem?"

Lärjungen, som försökte komma över sin förvåning, sa skrattande: "De är fina, Sir." Master log och citerade:

"Låten de små barnen komma till mig, ty Guds rike hör sådana till."[14]

◆ ◆ ◆

En elev tvivlade på sin förmåga till andlig uthållighet. För att uppmuntra honom sa Paramahansaji:

"Herren är inte långt borta, utan nära. Jag ser Honom överallt."

"Men, sir, ni är ju en mästare!" protesterade mannen.

"Alla själar är likvärdiga", svarade Gurun. "Den enda skillnaden mellan dig och mig är att jag gjorde ansträngningen. Jag visade Gud att jag älskar Honom och Han kom till mig. Kärlek är magneten från vilken

---

[13] Matteus 11:25.
[14] Lukas 18:16.

Gud inte kan undkomma."

❖ ❖ ❖

"Eftersom ni kallar ert tempel i Hollywood en 'kyrka för alla religioner' - varför lägger ni då särskild tonvikt vid kristendomen?" frågade en besökare.

"Det är Babajis[15] önskan att jag gör det", sa Master. "Han bad mig tolka den kristna Bibeln och den hinduiska Bibeln [Bhagavad Gita] för att påvisa den underliggande enheten mellan de Kristna och Vediska[16] skrifterna. Han sände mig till väst för att fullgöra det uppdraget."

❖ ❖ ❖

"En synd", sa Master, "är allt det som håller människan i omedvetenhet om Gud."

❖ ❖ ❖

"Master, hur kunde Jesus förvandla vatten till vin?"

[15] Se ordlista.
[16] Se *Vedaskrifterna* i ordlistan.

frågade en lärjunge. Sri Yogananda svarade:

"Universum är resultatet av ett spel med ljus – vibrationer av livsenergi. Filmerna om skapelsen projiceras och synliggörs, likt scener på en filmduk, genom strålar av ljus. Kristus uppfattade kosmos innersta väsen såsom ljus. I hans ögon fanns ingen skillnad mellan ljusstrålarna som skapar vatten och ljusstrålarna som frambringar vin. Liksom Gud i skapelsens begynnelse[17] kunde Jesus befalla vibrationerna av livsenergi att anta olika former.

"Alla människor som passerar över de vilseledande rikena av relativitet och dualism, träder in i den sanna världen av Enhet. De blir ett med Allmakten, så som Kristus sa: 'Den som tror på mig [den som är i Kristusmedvetande], även han skall göra de gärningar som jag gör; och större än dessa skall han göra, ty jag går till min Fader [därför att jag snart återvänder till det Högsta – det Vibrationslösa Absoluta bortom skapelsen, bortom fenomenen].'"[18]

❖ ❖ ❖

[17] "Och Gud sade: 'Varde ljus'; och det vart ljus" (Första Moseboken 1:3).

[18] Johannes 14:12. Se *Sat-Tat-Aum* i ordlistan.

26

"Tror ni inte på äktenskapet, Master?" fråga-
de en elev. "Ni talar ofta som om ni var emot det."
Paramahansaji svarade:

"Giftermål är onödigt och hämmande för dem som
i själ och hjärta vill avsäga sig allt världsligt och inten-
sivt söka Gud, den Evige Älskaren. Men i vanliga fall
är jag inte emot sanna äktenskap. Två personer som för-
enar sina liv för att hjälpa varandra till gudomligt för-
verkligande bygger sin allians på rätt grund: villkorslös
vänskap. Kvinnor motiveras främst av känsla och män
av förnuft - äktenskapet är till för att balansera dessa
två egenskaper.

"Eftersom ungdomar får för lite andlig träning,
finns det idag inte många äkta själsliga relationer.
Emotionellt omogna och instabila påverkas de ofta av
en flyktig sexuell attraktion eller av världsliga fakto-
rer som bortser från äktenskapets upphöjda syfte." Han
tillade: "Jag säger ofta, 'Först och främst ska du stadigt
förankra dig på den gudomliga vägen. Om du sedan
gifter dig kommer du inte att begå ett misstag!'"

❖ ❖ ❖

"Öser inte Gud Sina gåvor mer rikligt över vis-
sa människor än över andra?" frågade en elev.

27

Paramahansaji svarade:
"Gud väljer dem som väljer Honom."

❖ ❖ ❖

"Två damer brukade lämna sin bil olåst när de parkerade. Master sa åt dem: "Vidta lämpliga försiktighetsåtgärder. Lås er bil."
"Var är er tillit till Gud?" utropade de.
"Jag har tillit", svarade Paramahansaji. "Det innebär inte att jag är vårdslös."
Men de fortsatte att lämna bilen olåst. En dag, när de lämnat kvar en massa värdesaker i baksätet, blev de bestulna.
"Varför förvänta er Guds skydd när ni ignorerar Hans lagar om förnuft och försiktighet?" sa Master. "Ha tillit, men var praktisk och fresta inte andra."

❖ ❖ ❖

Några av lärjungarna hade ryckts med i en virvel av aktiviteter och försummade sin meditation.[19] Master förmanade dem:
"Säg inte: 'Imorgon ska jag meditera längre.' Ni

[19] Se *Kriya Yoga* i ordlistan.

kommer snart att märka att ett helt år har gått utan att ni uppfyllt era goda avsikter. Säg istället: 'Det här kan vänta och det där kan vänta, men mitt sökande efter Gud kan inte vänta.'"

◆ ◆ ◆

"Sir", sa en lärjunge, "hur kommer det sig att vissa mästare tycks veta mer än andra mästare?"

"Alla de som är fullt befriade är likvärdiga i sin visdom", svarade Paramahansaji. "De förstår allt, men avslöjar sällan sin kunskap. För att glädja Gud spelar de den roll Han givit dem. Om de verkar göra en blunder så är detta beteende bara en del av deras mänskliga roll. I sitt inre förblir de opåverkade av *mayas* kontraster och relativitet."

◆ ◆ ◆

"Jag tycker det är svårt att behålla vänskapsrelationer", anförtrodde en elev.

"Välj ditt umgänge med omsorg", sa Paramahansaji. "Var artig och uppriktig, men bevara alltid en viss distans och respekt. Bli aldrig för förtrolig med människor. Det är lätt att få vänner, men för att behålla dem bör du följa denna regel."

29

❖ ❖ ❖

"Master", sa en elev, "kan en själ bli förlorad för alltid?" Gurun svarade:

"Det är omöjligt. Varje själ är en del av Gud och är därför odödlig."

❖ ❖ ❖

"För en lärjunge som följer den rätta vägen, är andlig utveckling lika naturlig och obemärkt som andningen", sa Master. "När en människa givit sitt hjärta till Gud blir hon så djupt försjunken i Honom att hon knappt inser att hon löst alla livets problem. Andra börjar kalla henne 'Guru'. Med förvåning tänker hon:

"'Vad har hänt! Har den här syndaren blivit ett helgon? Herre, må Din bild framträda så klart i mitt ansikte att ingen ser *mig*, bara *Dig*!'"

❖ ❖ ❖

En viss elev ägnade sig åt ständig självrannsakan för att hitta tecken på andlig utveckling. Master sa till honom:

"Om du sår ett frö och dagligen gräver upp det för att se om det växer, kommer det aldrig att slå rot. Ta

30

noga hand om det, men var inte nyfiken!"

❖ ❖ ❖

"Vilken underlig människa G-- är!" En grupp lär-
jungar diskuterade olika personers egenheter. Master
sa:
"Varför så förvånade? Den här världen är ju bara
Guds zoo."

❖ ❖ ❖

"Är inte er undervisning om att kontrollera känslor-
na farlig?" frågade en elev. "Många psykologer hävdar
att undertrycka känslor leder till mentala störningar och
även till fysisk sjukdom."
Master svarade:
"Undertryckande är skadligt - att hålla fast tanken
på något man vill ha utan att göra något konstruktivt åt
det. Självkontroll däremot, är hälsosamt – att tålmodigt
ersätta felaktiga tankar med riktiga, byta ut förkastliga
handlingar mot sådana som är till hjälp.
"De som uppehåller sig vid det onda skadar sig själ-
va. Människor som fyller sitt sinne med visdom och
sina liv med konstruktiva aktiviteter, besparar sig ovär-
digt lidande."

❖ ❖ ❖

"Gud prövar oss på alla tänkbara sätt", sa Master. "Han blottlägger våra svagheter så att vi kan bli medvetna om dem och förvandla dem till styrkor. Han kan utsätta oss för prövningar som känns outhärdliga och ibland verkar Han nästan vilja driva bort oss. Men den klipske lärjungen säger:

"'Nej Herre, jag vill ha Dig! Ingenting ska hindra mig i mitt sökande. Min innerliga bön är denna: Utsätt mig aldrig för det test som gör att jag glömmer Din närvaro.'"

❖ ❖ ❖

"Sir, kommer jag någonsin lämna den andliga vägen?" undrade en tvivlande lärjunge.

Master svarade:

"Hur skulle du kunna göra det? Alla i denna värld färdas på den andliga vägen."

❖ ❖ ❖

"Sir", bönföll en lärjunge, "ge mig hängivenhetens välsignelse".

"I själva verket säger du: 'Ge mig pengar så att jag

kan köpa det jag vill ha'", svarade Master. "Men jag säger: 'Nej, först måste du *förtjäna* pengarna. Sedan kan du med rätta njuta av det du köper.'"

◆ ◆ ◆

För att hjälpa en uppgiven elev återgav Master denna upplevelse:

"En dag såg jag en stor sandhög på vilken en pytteliten myra kröp. Jag sa: 'Myran måste tro att den bestiger Himalayas berg!' Högen måste ha tett sig gigantisk för myran, men inte för mig. På samma sätt är en miljon av våra solår kortare än en minut för Gud. Vi bör öva oss i att tänka i storslagna termer: Evighet! Oändlighet!"

◆ ◆ ◆

Yoganandaji och en grupp lärjungar gjorde sina kvällsövningar på gräsmattan vid ashramet i Encinitas. En av de unga männen frågade om ett visst helgon vars namn han inte kom ihåg.

"Sir", sa han, "det var mästaren som för några månader sedan uppenbarade sig inför er just här."

"Jag minns inte", svarade Paramahansaji.

"Det var ute på bakgården, sir."

"Många besöker mig där. Jag ser en del som gått

vidare och andra som fortfarande är kvar här på jorden."

"Så underbart, sir!"

"Varhelst en av Guds anhängare befinner sig, dit kommer Hans helgon." Gurun var tyst en minut eller två medan han gjorde några övningar. Sedan sa han:

"Igår, när jag mediterade i mitt rum, ville jag veta vissa saker om en stor, forntida mästares liv. Han materialiserades inför mig. Vi satt på min säng en lång stund sida vid sida och höll varandras händer."

"Sir, berättade han om sitt liv?"

"Ja", svarade Paramahansaji, "i utväxlandet av vibrationer fick jag hela bilden."

❖ ❖ ❖

För att få bröderna och systrarna i Self-Realizations Ordenssällskap[20] att vara på sin vakt mot andlig självbelåtenhet, sa Master till dem:

"Efter att en person uppnått *nirbikalpa samadhi*[21] hemfaller hon aldrig mer åt illusionen. Men till dess att hon uppnått det stadiet går hon inte säker.

"En lärjunge till en känd hinduisk mästare var en så

20 Se ordlista.
21 Se ordlista.

34

Master mediterar i Dihika, nära platsen för sin pojkskola, under besöket i Indien, 1935. Skolan flyttades till Ranchi år 1918 där den framgångsrikt lever vidare.

stor själ att hans guru brukade framhålla honom som ett exempel för andra att följa. En dag nämnde lärjungen att han hjälpte en from kvinna genom att meditera tillsammans med henne.

"Gurun sa stilla: 'Sadhu,[22] var försiktig!'

"Några veckor senare började frön av dålig karma[23] gro i lärjungens liv och han rymde tillsammans med kvinnan. Efter en kort tid återvände han emellertid till sin guru och utbrast: 'Jag är så ledsen!' Han lät inte detta misstag bli det centrala i sitt liv, utan lämnade det bakom sig och fördubblade sina ansträngningar för att fullborda Förverkligandet av Självet.

"I denna historia ser ni att även en stor lärjunge tillfälligt kan drabbas av villfarelse. Släpp aldrig er vaksamhet innan ni är väl förankrade i den Slutgiltiga Lycksaligheten."

◆ ◆ ◆

"Materiell vetenskap är mer teoretisk än sann religion", sa Master. "Vetenskap kan exempelvis undersöka den yttre naturen och beteendet hos atomen. Men

22 Se ordlista.
23 Se ordlista.

utövandet av meditation skänker allnärvaro - en yogi kan bli ett med atomen."

❖ ❖ ❖

En viss krävande lärjunge anlände ofta oanmäld till Mount Washington Center[24] och ringde frekvent collect call till Master. "Han är en besynnerlig person", anmärkte Paramahansaji. "Men hans hjärta är med Herren. Trots sina brister kommer han att nå sitt mål, för han lämnar inte Gud ifred förrän han uppnått det!"

❖ ❖ ❖

När Master först kom till Amerika bar han indiska kläder och hans hår hängde långt ner på axlarna. En person som fascinerades av denna främmande syn frågade: "Spår ni i framtiden?" Paramahansaji svarade:

"Nej, jag berättar för människor hur de kan förbättra sin framtid."

❖ ❖ ❖

En dag berättade Master för sina lärjungar om ett

---

[24] Self-Realization Fellowships huvudkontor i Los Angeles, Kalifornien. Se ordlistan.

helgon som föll från den högsta andliga vägen genom att offentligt visa upp sina mirakulösa krafter. "Han insåg snart sitt misstag och återvände till sina lärjungar", sa Paramahansaji. "Mot slutet av sitt liv var han en fullt befriad själ."

"Sir, hur kunde han resa sig så snabbt?" frågade en lärjunge. "Är inte det karmiska straffet strängare för en person som faller från ett tillstånd av hög andlig utveckling, än för en vanlig människa som handlar fel av ren okunskap? Det verkar konstigt att det indiska helgonet inte behövde vänta längre på slutgiltig befrielse."

Leende skakade Master på huvudet. "Gud är ingen tyrann", sa han. "En människa som är van vid en kost av nektar, skulle bli olycklig om hon tvingades äta gammal ost. Om hon grät hjärtskärande efter nektar igen, skulle Gud inte kunna vägra henne."

❖ ❖ ❖

En vän ansåg det opassande för Self-Realization Fellowship att annonsera. Master sa:

"Wrigley använder sig av reklam för att få folk att tugga tuggummi. Varför skulle inte jag kunna använda annonser för att få människor att 'tugga' goda idéer?"

❖ ❖ ❖

38

På tal om hur snabbt vi, genom Guds nåd, kan bli befriade från *mayas* villfarelser, sa Master:
"I den här världen tycks vi vara dränkta i ett hav av bekymmer. Så kommer den Gudomliga Modern, skakar om och väcker oss från vår hemska dröm. Varje människa kommer förr eller senare att få vara med om denna befriande upplevelse."

❖ ❖ ❖

En elev tvekade mellan ett liv i ashramet och en sedan länge önskad karriär. Master sa ömsint:
"Alla förverkliganden du söker, och mycket mer, väntar dig i Gud."

❖ ❖ ❖

Till en elev som tycktes vara hopplöst insnärjd i dåliga vanor, föreslog Master:
"Om du saknar viljestyrka, försök att utveckla 'nej-styrka'."

❖ ❖ ❖

"Vilket ansvar man tar på sig när man försöker förbättra människor!" utbrast Master. "Rosen i en vas är vacker, men man glömmer lätt allt trädgårdsarbete som bidrog till dess skönhet. Och om man måste bemöda sig så för att skapa en ljuvlig ros - hur mycket mer ansträngning krävs då inte för att åstadkomma en fulländad människa!"

❖ ❖ ❖

"Umgås inte alltför nära med andra", sa Master. "Vänskap ger oss inte tillfredsställelse om den inte är förankrad i ömsesidig kärlek till Gud.

"Vår mänskliga önskan om kärleksfull förståelse från andra, är i själva verket själens längtan efter enhet med Gud. Ju mer vi försöker tillfredsställa denna önskan i det yttre, desto mindre troligt är det att vi hittar den Gudomliga Följeslagaren."

❖ ❖ ❖

"Det finns tre olika typer av lärjungar", sa Master. "Troende som går i kyrkan och är nöjda, troende som lever ett hederligt liv men som inte anstränger sig för att uppnå enhet med Gud, och troende som är *fast beslutna* att upptäcka sin sanna identitet."

❖ ❖ ❖

När han ombads att definiera Förverkligandet av Självet, sa Master:

"Förverkligandet av Självet är att veta - i kropp, sinne och själ - att vi är ett med Guds allnärvaro. Att vi inte behöver be om att den ska komma till oss. Att vi inte enbart är nära den, utan att Guds allnärvaro är vår allnärvaro. Att vi är lika mycket en del av Honom nu som vi någonsin kommer att vara. Allt vi behöver göra är att förbättra vårt vetande."

❖ ❖ ❖

"Gud tillgodoser snabbt Sina lärjungars alla behov", sa Master, "för de har eliminerat egots hindrande motström."

❖ ❖ ❖

"Under första tiden på Mount Washington Center hade en amortering på lånet förfallit, men vi saknade pengar på banken. Jag bad mycket intensivt och sa till Gud: 'Organisationens välfärd ligger i Dina händer'. Den Gudomliga Modern uppenbarade Sig inför mig. Hon sa på engelska: 'Jag är dina aktier och obligationer. Jag är din säkerhet.'

"Några dagar senare fick jag med posten en stor

donation avsedd för Centret."

❖ ❖ ❖

En av lärjungarna utförde troget och snabbt vilka arbetsuppgifter Master än gav honom, men för andra gjorde han ingenting. Master tillrättavisade honom:

"Du ska tjäna andra så som du tjänar mig. Kom ihåg, Gud bor i oss alla. Försumma inget tillfälle att behaga Honom."

❖ ❖ ❖

"Döden lär oss att inte förlita oss på kroppen, utan på Gud. Därför är Döden en vän", sa Master. "Vi bör inte överdriva vår sorg när våra kära går bort. Att enbart för vår egen glädje och tröst önska ha dem hos oss för evigt, är själviskt. Gläds hellre åt att de har samman-kallats för att avancera mot själslig frihet i den nya och bättre omgivningen av en astral värld.[25]

"Sorgen över separationen gör att de flesta människor gråter ett tag, sedan glömmer de. Men de kloka känner sig manade att söka sina bortgångna i hjärtat av det Eviga. Det lärjungar förlorar i jordelivet,

---

[25] Se ordlista.

finner de åter i det Oändliga."

❖ ❖ ❖

"Vilken är den bästa bönen?" frågade en lärjunge.
Master sa:
"Säg till Herren: 'Snälla, låt mig veta Din vilja.' Säg
inte: 'Jag vill ha det där och det där', utan ha förtröstan
i att Han vet vad du behöver. Du ska se att du får myck-
et bättre saker när Han väljer åt dig."

❖ ❖ ❖

Master bad ofta lärjungarna att ta hand om diverse
mindre uppgifter. När en av dem försummade en sådan
liten syssla för att hon ansåg den oviktig, tillrättavisade
Paramahansaji henne milt. Han sa:
"Plikttrogenhet i utförandet av små uppgifter ger
oss kraft att hålla fast vid de svåra beslut som livet en
dag tvingar oss att fatta."

❖ ❖ ❖

Master utgick ifrån ett av Sri Yukteswars uttalanden[26]

---

[26] *En Yogis Självbiografi,* kapitel 12.

när han sa till en ny lärjunge:

"Somliga tror att inträde i ett ashram för att lära sig självdisciplin innebär lika mycket sorg som vid en begravning. Istället kan det betyda begravningen av alla sorger!"

❖ ❖ ❖

"Det är dåraktigt att förvänta sig sann lycka från jordiska band och ägodelar", sa Master. "Likväl dör miljoner människor av brustet hjärta efter att i det världsliga livet, fåfängt ha försökt hitta det förverkligande som existerar endast i Gud - Källan till all glädje."

❖ ❖ ❖

För att förklara varför endast ett fåtal människor förstår den oändliga Guden, sa Master:

"Liksom en liten kopp inte kan rymma oceanens vidsträckta vatten, kan inte det begränsade mänskliga sinnet rymma det universella Kristusmedvetandet. Men när man, genom meditation, kontinuerligt utvidgar sitt sinne, uppnår man till slut allvetande. Man förenas med den Gudomliga Intelligens som genomsyrar skapelsens atomer.

"Aposteln Johannes sa: 'Men till alla dem som tog

emot honom gav han rätten till att bli Guds barn, åt alla som tror på hans namn.'[27] Med 'åt alla dem som tog emot honom' menade aposteln Johannes: De människor som fulländat sin kapacitet att ta emot det Oändliga. Endast dessa återfår sin ställning som 'Guds barn'. De 'tror på hans namn' genom att uppnå enhet med Kristusmedvetandet."

◆ ◆ ◆

En elev som tidigare levt i ashramet återvände en dag och sa sorgset till Master:

"Varför gav jag mig någonsin i väg?"

"Är inte det här ett paradis jämfört med världen utanför?" frågade Paramahansaji.

"Det är det verkligen!" svarade den unge mannen och snyftade så länge att Master av medkänsla grät med honom.

◆ ◆ ◆

En syster i Self-Realization Ordern klagade över sin brist på hängivenhet. "Det är inte så att jag inte vill lära känna Gud", sa hon, "men jag tycks vara oförmögen att

---

[27] Johannes 1:12.

kunna rikta min kärlek till Honom. Vad ska man göra
när man, som jag, upplever en 'torr' period?"

"Du ska inte fokusera på tanken att du saknar hän-
givenhet, utan istället anstränga dig för att utveckla
den", svarade Master. "Varför bli upprörd över att Gud
inte har visat Sig för dig? Tänk på hur länge du ignore-
rade Honom!

"Meditera mer, gå djupt och följ reglerna på ashra-
met. Genom att förändra dina vanor väcker du, i ditt
hjärta, minnet av Hans underbara Väsen och när du kän-
ner Honom kommer du utan tvivel att älska Honom."

❖ ❖ ❖

En söndag besökte Master en kyrka vars kör sjöng
särskilt för honom. Efter gudstjänsten frågade körleda-
ren och gruppen Paramahansaji:

"Tyckte ni om sången?"

"Den var bra", sa Sri Yogananda utan entusiasm.

"Åh! Ni tyckte inte riktigt om den?" frågade de.

"Jag skulle inte uttrycka mig så."

Pressad på en förklaring sa Master till slut: "Vad
gäller tekniken så var den perfekt, men ni var inte med-
vetna om till Vem ni sjöng. Ni tänkte bara på att behaga
mig och resten av publiken. Nästa gång - sjung inte för

människan, utan för Gud."

❖ ❖ ❖

Med förundran diskuterade lärjungarna de lidanden som forna tiders helgon med glädje kunde uthärda. Master sa:
"Kroppens öde är totalt oviktigt för en människa som uppnått Förverkligandet av Gud. Den fysiska formen kan liknas vid en tallrik som en lärjunge använder medan han äter livets visdomsmiddag. När hans hunger blivit för evigt stillad, vilket värde har då tallriken? Den kan gå i bitar, men lärjungen märker det knappt. Han är försjunken i Herren."

❖ ❖ ❖

Master tillbringade ofta långa sommarkvällar på verandan till ashramet i Encinitas, engagerad i andliga diskussioner med lärjungarna. Vid ett sådant tillfälle övergick samtalet till att handla om mirakel och Master sa:
"De flesta människor är fascinerade av mirakel och skulle gärna vilja se dem. Men min Master Sri Yukteswarji, som hade kontroll över alla naturkrafter, hade mycket bestämda åsikter kring detta. Strax innan

Paramahansaji ger ett varmt välkomnande till medlemmar utanför
Self-Realization Fellowship Temple i San Diego, Kalifornien,
1949.

jag lämnade Indien för att föreläsa i Amerika sa han till mig: 'Väck i människorna kärleken till Gud. Dra dem inte till dig genom att visa upp ovanliga krafter.'

"Om jag gick på eld och vatten och fyllde landets alla föreläsningssalar med effektsökare - till vilken nytta vore det? Se på stjärnorna, molnen och havet, se på daggen i gräset. Kan något av människans mirakler jämföras med dessa genuint oförklarliga fenomen? Ändå är det få som genom naturen leds till att älska Gud – Miraklet av alla mirakel."

❖ ❖ ❖

Till en grupp unga lärjungar med benägenhet att skjuta upp saker till morgondagen sa Master:

"Ni borde strukturera era liv. Gud skapade rutin. Solen skiner till skymningen och stjärnorna lyser till gryningen."

❖ ❖ ❖

"Beror inte helgonens visdom på att de blivit särskilt gynnade av Gud?" frågade en besökare.

"Nej", svarade Master. "Att en del människor äger mindre gudomligt medvetande än andra beror inte på att Gud begränsar flödet av Sin godhet, utan på att de flesta blockerar Hans evigt närvarande ljus från att fritt passera igenom sig. Genom att avlägsna egoismens mörka filter, kan alla Guds barn återspegla Hans strålar av allvetande."

❖ ❖ ❖

En besökare talade nedsättande om Indiens så kallade avgudadyrkan. Master sa stilla:

"Om en människa sitter med slutna ögon i en kyrka och låter sina tankar uppehålla sig vid världsliga angelägenheter – materialismens avgudar – är Gud medveten om att Han inte tillbeds.

"Om en människa bugar inför en stenstod och ser den som en symbol och påminnelse om den levande allnärvarande Anden, tar Gud emot hennes tillbedjan."

❖ ❖ ❖

"Jag är på väg till bergen för att vara ensam med Gud", meddelade en elev Master.

"Du kommer inte att utvecklas andligt på det sättet", svarade Paramahansaji. "Ditt sinne är ännu inte redo för djup koncentration på Anden. Dina tankar kommer mest att kretsa kring minnen av människor och världsliga nöjen, även om du sitter i en grotta. Att i kombination med daglig meditation entusiastiskt utföra dina plikter - är den rätta vägen."

❖ ❖ ❖

Efter att ha berömt en lärjunge sa Master:
"När du får höra att du är duktig ska du inte slappna av, utan försöka bli ännu bättre. Dina fortsatta framsteg skänker glädje till dig själv, till dem omkring dig och till Gud."

❖ ❖ ❖

"Att avstå är inte negativt utan positivt. Det innebär inte att man ger upp någonting, förutom elände", sa Master.

"Man borde inte tänka på avsägelse som en väg kantad av uppoffringar. Snarare är det en gudomlig investering genom vilken våra få ören av självdisciplin kommer att avkasta miljontals andliga kronor. Är det då inte visdom att satsa dessa, våra flyktiga dagars guldmynt, på att förvärva Evigheten?"

❖ ❖ ❖

När Master en söndagsmorgon blickade ut över

mängden av blommor som utsmyckade templet, sa han:

"Eftersom Gud är Skönhet, skapade Han skönhet i blommorna så att de skulle vittna om Honom. Mer än något annat i naturen antyder de Hans närvaro. Hans strålande ansikte kikar ut genom fönstren hos liljor och förgätmigej. I rosens doft tycks Han säga: 'Sök Mig.' Det är Hans sätt att tala, i övrigt förblir Han tyst. Han visar Sitt hantverk i skapelsens skönhet, men avslöjar inte att Han själv är gömd däri."

❖ ❖ ❖

Två lärjungar vid ashramet bad Master om lov att få åka och hälsa på några vänner. Paramahansaji svarade:

"I början av en novis andliga träning är det inte bra att alltför ofta umgås med världsliga människor. Hans sinne börjar läcka som ett såll och kan inte hålla kvar vattnen av Gudsförnimmelse. Resor kommer inte ge er någon insikt om det Oändliga."

Eftersom det var Guruns sätt att ge förslag, inte befallningar, tillade han: "Det är min plikt att varna er när jag ser att ni går åt fel håll. Men ni gör som ni vill."

❖ ❖ ❖

"På jorden försöker Gud utveckla den rätta,

universella levnadskonsten genom att i människornas hjärtan uppmuntra en känsla av broderskap och uppskattning av andra", sa Master. "Han har därför inte tillåtit någon nation att bli helt fulländad i sig själv. Till varje folkslag har Han givit en särskild begåvning, en unik förmåga med vilken de kan ge ett avgörande bidrag till världs-civilisationen.

"Fred på jorden kommer att påskyndas genom ett konstruktivt utbyte av de olika nationernas främsta särdrag. Vi borde ignorera bristerna hos ett annat folk och istället upptäcka och efterlikna dess förtjänster. Det är viktigt att notera att de stora helgonen genom historien har personifierat alla länders ideal och förkroppsligat alla religioners högsta strävan."

❖ ❖ ❖

Masters samtal gnistrade av liknelser. En dag sa han:

"Jag ser dem på den andliga vägen som deltagarna i ett lopp. Några spurtar, andra rör sig långsamt. Ett antal springer till och med baklänges!"

En annan gång anmärkte han:

"Livet är en kamp. Människor slåss mot sina inre fiender av girighet och ignorans. Många blir sårade - av begärets kulor."

❖ ❖ ❖

Paramahansaji hade tillrättavisat flera lärjungar för att de inte var effektiva nog när de utförde sina uppgifter. De kände sig väldigt ledsna, varpå Gurun sa:

"Jag tycker inte om att skälla på er, för ni är alla mycket bra. Men när jag ser fläckar på en vit vägg vill jag avlägsna dem."

❖ ❖ ❖

Paramahansaji och några andra reste med bil för att besöka en Self-Realization retreat. En gammal man med packning på ryggen traskade längs den heta, dammiga vägen. Master bad chauffören att stanna, ropade på mannen och gav honom lite pengar. Några minuter senare sa Paramahansaji till lärjungarna:

"Världen och dess hemska överraskningar! Vi åker bil medan en så gammal man går till fots. Ni borde allihop bestämma er för att inte låta *mayas* oförutsägbara vändningar skrämma er. Om den där olyckligt lottade mannen hade varit förverkligad i Gud, skulle fattigdom eller rikedom vara oviktigt. I det Oändliga omvandlas alla medvetandetillstånd till ett - Ständig Ny

Lycksalighet."

❖ ❖ ❖

"Sir, vilket avsnitt i *En Yogis Självbiografi* anser ni vara det mest inspirerande för gemene man?" frågade en elev. Master funderade en stund och sa sedan:
"Dessa ord av min guru Sri Yukteswar: 'Glöm det förgångna. Mänskligt beteende förblir oförutsägbart, ända tills hon är förankrad i det Gudomliga. Allting kommer bli bättre i framtiden om du gör en andlig ansträngning nu.'"

❖ ❖ ❖

"Gud minns oss, även om vi inte minns Honom", sa Master. "Om Han glömde skapelsen för en sekund, skulle allting spårlöst försvinna. Vem, om inte Han, håller kvar denna lerboll av jord på himlavalvet? Vem, om inte Han, förmår träd och blommor att växa? Det är Gud och ingen annan som upprätthåller våra hjärtslag, smälter vår mat och dagligen förnyar våra celler. Ändå är det inte många av Hans barn som skänker Honom en tanke!"

❖ ❖ ❖

"Sinnet", sa Paramahansaji, "är som ett mirakulöst gummiband vilket kan tänjas ut i det oändliga utan att gå av."

❖ ❖ ❖

"Hur kan ett helgon ta på sig andra människors dåliga karma?"[28] frågade en elev. Master svarade:

"Om du såg att en person var på väg att slå ner en annan, skulle du kunna gå emellan och låta slaget träffa dig själv. Det är vad en stor Mästare gör. Han förnimmer när ogynnsamma effekter av dålig karma är på väg att slå ner på hans lärjunge. Om han bedömer det klokt, använder han en särskild metafysisk metod och överför till sig själv konsekvenserna av lärjungarnas felsteg. Lagen om orsak och verkan fungerar mekaniskt eller matematiskt - en Yogi vet hur man ändrar dess flöden.

"Eftersom helgon har medvetandegjort Gud som ett Evigt Väsen och en Outtömlig Livskraft, kan de överleva slag som skulle döda en vanlig människa. Deras sinnen påverkas inte av fysisk sjukdom eller världsliga motgångar."

---

[28] Se ordlista. Lagen om överföring av karma förklaras mer utförligt i kapitel 21 i *En Yogis Självbiografi*.

❖ ❖ ❖

Master diskuterade med några lärjungar planer för att utvidga Self-Realization Fellowships arbete. Han sa: "Kom ihåg att kyrkan är bikupan, men Gud är Honungen. Nöj er inte med att berätta för människor om andliga sanningar. Visa dem hur de själva kan uppnå Guds-medvetande."

❖ ❖ ❖

Paramahansaji var inte bunden till något, ändå kärleksfull och alltid lojal. En dag sa han: "När jag inte träffar mina vänner saknar jag dem inte, men när vi ses tröttnar jag aldrig på dem."

❖ ❖ ❖

"Jag ser Gud i Hans universum", sa Master. "När jag betraktar ett vackert träd viskar mitt hjärta: 'Han är där!' Och jag bugar i tillbedjan till Honom. Genomsyrar Han inte varje atom här på jorden? Skulle vår planet alls kunna existera om det inte vore för Guds sammanhållande kraft? En sann lärjunge ser Honom i alla människor, i alla ting. Varje stenblock blir ett altare.

"När Gud befallde: 'Du skall inga andra gudar ha

57

vid sidan av mig. Du skall inte göra dig något beläte eller någon bild av det som är uppe i himlen eller av det som är nere på jorden',[29] menade Han att vi inte ska upphöja skapelsens föremål över Skaparen. Vår kärlek till naturen, familj, vänner, plikter och ägodelar bör inte ockupera den högsta tronen i våra hjärtan. Det är där *Gud* hör hemma."

❖ ❖ ❖

Efter att ha påpekat en lärjunges misstag, sa Master: "Du ska inte ta illa upp när jag tillrättavisar dig. Du håller på att vinna striden mot ego-styrda vanor, det är därför jag fortsätter visa dig vägen till självdisciplin. Jag välsignar dig ständigt för att du ska få en fantastisk framtid. Jag har förmanat dig ikväll så du inte ska vänja dig vid att mekaniskt utföra dina andliga plikter och glömma bort att dagligen göra en djup ansträngning för att finna Gud."

❖ ❖ ❖

En kväll fick Paramahansaji besök av en präst från en annan kyrka. Besökaren sa missmodigt:

---

[29] Andra Moseboken 20:3-4.

"Jag är så förvirrad i mitt andliga tänkande!"

"Men varför predikar du då?"

"Jag tycker om att predika."

"Sa inte Kristus att de blinda inte bör leda de blinda?"[30] sa Master. "Dina tvivel kommer att försvinna om du lär dig och praktiserar meditation på Gud, den Enda Beständigheten. Utan inspiration från Honom - hur ska du då kunna förmedla gudomliga insikter till andra?"

❖ ❖ ❖

I huvudentrén till ashramet i Encinitas lyssnade lärjungarna ivrigt när Master, till långt in på småtimmarna, talade om andligt upphöjda ämnen.

"Jag är här för att berätta om glädjen som står att finna i Gud", avslutade han. "Glädjen ni alla är fria att upptäcka, glädjen som genomsyrar varje ögonblick av mitt liv. För Han vandrar med mig, Han talar med mig, Han tänker med mig, Han leker med mig, Han vägleder mig på alla sätt. 'Herre', säger jag till Honom, 'Jag har inga bekymmer för Du är alltid med mig. Jag är lycklig över att få vara Din tjänare - ett ödmjukt redskap för att hjälpa Dina barn. Vilka personer eller händelser Du

---

[30] Matteus 15:14.

59

sänder är Ditt beslut. Jag kommer inte lägga mig i Din plan för mig genom att ha egna önskemål.'"

❖ ❖ ❖

"Jag vet, djupt inom mig, att jag kommer att finna lycka endast i Gud. Ändå dras jag fortfarande till många världsliga saker", sa en ung man som funderade på att träda in i Self-Realization Fellowships Ordern.

"Ett barn tycker om att leka med sandslott, men tappar intresset när han blir äldre", svarade Master. "När du växer upp andligt kommer du inte längre sakna världsliga nöjen."

❖ ❖ ❖

Efter ett besök hos ett antal lärda män, sa Master till lärjungarna:

"Intellektuella män som citerar profeterna påminner om grammofoner. Likt en apparat som spelar upp heliga skrifter utan att begripa deras innebörd, repeterar dessa lärda personer den Heliga Skriften - omedvetna om dess sanna betydelse. De förstår inte skrifternas djupa, livsförändrande värden. Från sitt studerande vinner de inte Förverkligande i Gud utan endast kunskap om *ord*. De blir stolta och diskussionslystna."

Han tillade: "Det är därför jag uppmanar er alla att läsa mindre och meditera mer."

❖ ❖ ❖

Master sa: "I skapelsen verkar det som om Gud sover i mineralerna, drömmer i blommorna, vaknar upp i djuren och i människan[31] är *medveten* om att Hon är vaken."

❖ ❖ ❖

Master hade oförtrutet givit av sin tid till lärjungar och sanningssökare. Nu längtade han efter den avskilda stillheten i ett Self-Realizations retreat i öknen. När han tillsammans med en liten grupp kommit fram till destinationen och motorn stängts av, satt Paramahansaji tyst kvar i bilen. Han verkade helt försjunka i ökennattens ofantliga tystnad. Till sist sa han:

---

[31] "Människokroppen var inte enbart resultatet av en utveckling från djuren, utan frambringades genom en särskild skapelseakt av Gud. De djuriska formerna var alltför grova för att kunna uttrycka absolut gudomlighet. Endast till människan gavs lättuppväckta, ockulta centra i ryggraden liksom den potentiellt allvetande 'tusen-bladiga lotusen' i hjärnan." – *En Yogis Självbiografi.*

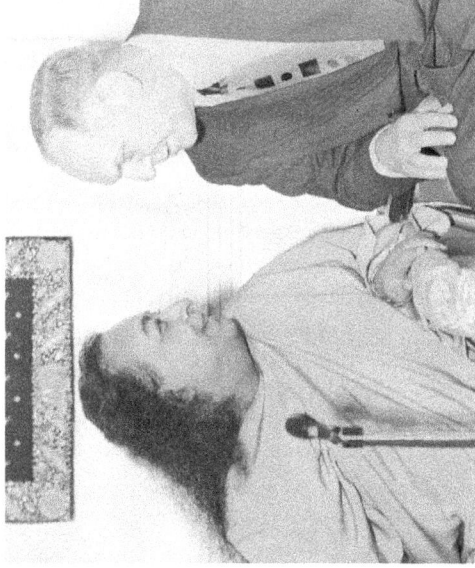

Sri Yogananda och den tidigare guvernören i Kalifornien, Goodwin J. Knight, som deltog vid invigningen av India Hall vid Self-Realization Fellowships Ashram Center i Hollywood, 1951.

Paramahansaji med sina gäster Amala och Uday Shankar, framstående hinduiska klassiska dansare, och deras danssällskap samt musiker (däribland den virtuosa sitarspelaren Ravi Shankar, Uday Shankars bror). Self-Realization Ashram Center i Encinitas, Kalifornien, 1950.

"Varhelst det finns en källa, kommer törstiga människor att samlas. Men ibland, som omväxling, föredrar källan att bli lämnad ifred."

♦ ♦ ♦

"Inom din fysiska form finns en hemlig dörr till gudomlighet",[32] sa Master. "Påskynda din utveckling genom rätt kost, hälsosam livsföring och vördnad för din kropp som ett Guds tempel. Lås upp dess heliga dörr i ryggraden genom att praktisera vetenskaplig meditation."

♦ ♦ ♦

"Master, jag har alltid velat söka Gud, men jag vill också gifta mig", sa en elev. "Tror ni inte att jag ändå

---

[32] Gud har, bland Sina varelser, utrustat endast människokroppen med hemliga centra i ryggraden vars uppvaknande (genom yoga, eller i vissa fall, genom en intensivt brinnande hängivenhet) skänker gudomlig upplysning. Hinduiska skrifter undervisar således: (1) Att den mänskliga kroppen är en värdefull gåva. (2) Att människan inte kan lösa sitt materiella karma förutom i en fysisk kropp. Hon reinkarnerar på jorden om och om igen, tills hon är en mästare. Först då har den mänskliga kroppen uppfyllt det mål för vilket den var skapad. (Se *reinkarnation* i ordlistan).

kan nå det Gudomliga Målet?"

"En ung människa som föredrar att först bilda familj och tänker att hon därefter ska söka Gud riskerar att begå ett allvarligt misstag", svarade Master. "I forna tiders Indien gavs barnen undervisning i självdisciplin i ett ashram. Idag existerar inte sådan träning någonstans i världen. Den moderna människan har obetydlig kontroll över sina sinnen, impulser, humör och begär. Hon påverkas lätt av sin omgivning. Vanligtvis, när hon blir familjeförsörjare och överhopas av världsliga plikter, glömmer hon att be, ens en enda liten bön, till Gud."

❖ ❖ ❖

"Varför är lidandet i världen så utbrett?" frågade en elev. Master svarade:

"Det finns många orsaker till lidande. En är att hindra människan från att lära sig för mycket av andra och inte tillräckligt av sig själv. Smärta får till slut människor att undra: Finns det en orsak- och verkan-princip närvarande i mitt liv? Beror mina problem på att jag tänker fel?"

❖ ❖ ❖

Efter att ha insett vilken börda ett helgon tar på sig

för att hjälpa andra, sa en elev till Paramahansaji:

"Sir, när tiden är inne kommer ni väl vara glad att få lämna denna jord för att aldrig mer återvända."

"Så länge det finns människor i den här världen som ropar på hjälp, kommer jag att återvända och erbjuda min livbåt för att ta dem till de himmelska stränderna", svarade Gurun.

"Skulle jag jubla i frihet medan andra lider? Medveten om att de är förtvivlade (som jag själv hade varit om inte Gud visat mig Sin nåd) skulle jag inte kunna njuta, ens av Hans obeskrivliga lycksalighet."

❖ ❖ ❖

"Undvik att ha en negativ attityd till livet", sa Master till en grupp lärjungar. "Varför stirra ner i kloakerna när skönheten finns runt omkring oss? Man kan hitta fel även i de största mästerverken inom konst, musik och litteratur. Men är det inte bättre att njuta av deras charm och storslagenhet?

"Eftersom den relativa världen är uppbyggd av ljus och skuggor har livet en ljus och en mörk sida. Om du låter dina tankar kretsa kring det mörka, blir du själv frånstötande. Sök endast efter det goda i allt, så absorberar du skönhetens egenskaper."

❖ ❖ ❖

"Master, jag är bara medveten om mitt nuvarande liv. Varför har jag inga minnen av tidigare inkarnationer[33] eller vetskap om framtida existenser?" frågade en lärjunge. Paramahansaji svarade:

"Livet är som en lång kedja i Guds ocean. När en bit av kedjan dras upp ur vattnet ser man endast den lilla delen - början och slutet är gömda. I den här inkarnationen ser du bara en länk av livets kedja. Det förflutna och framtiden förblir dolda i Guds djup. Han avslöjar deras hemligheter endast för de lärjungar som är intonade med Honom."

❖ ❖ ❖

"Tror ni på Kristi gudomlighet?" frågade en besökare. Master svarade:

"Ja. Jag älskar att tala om honom för han var en människa som uppnått perfekt förverkligande av Självet. Dock var han inte Guds *ende* son, och inte heller gjorde han anspråk på att vara det. Tvärtom underströk han att de som utför Guds vilja blir, liksom han själv, ett med Honom. Var det inte Jesus uppdrag på

---

[33] Se *reinkarnation* i ordlistan.

jorden att påminna alla människor om att Herren är deras Himmelske Fader, och att visa dem vägen tillbaka till Honom?"

❖ ❖ ❖

"Det verkar inte rätt att den Himmelske Fadern kan tillåta så mycket elände i världen", anmärkte en elev. Paramahansaji svarade:

"Ingen grymhet existerar i Guds plan, för i Hans ögon finns varken gott eller ont - endast bilder av ljus och skuggor. Herrens avsikt var att vi skulle se på livets dualistiska scener som Han Själv gör – som det evigt lyckliga Vittnet till ett häpnadsväckande kosmiskt drama.

"Människan har felaktigt identifierat sig med pseudo-själen eller egot. När hon flyttar den identifieringen till sitt sanna jag - den odödliga själen, upptäcker hon att all smärta är overklig. Hon kan då inte längre *föreställa sig* ett tillstånd av lidande."

Gurun tillade: "Stora mästare som kommer till jorden för att hjälpa sina förvirrade bröder och systrar tilllåts av Gud att, på en viss nivå av sitt medvetande, ta på sig mänsklighetens sorger. Men detta empatiska deltagande i mänskliga känslor stör inte de djupare nivåerna

67

av medvetande på vilka dessa helgon upplever oföränderlig lycksalighet."

❖ ❖ ❖

Master sa ofta till sina lärjungar: "En sång ni ständigt i tysthet bör nynna på är: 'Min Gud, jag kommer alltid vara Din.'"

❖ ❖ ❖

En lärjunge hade bestämt sig för att lämna ashramet. Han sa till Paramahansaji:

"Oavsett var jag befinner mig kommer jag alltid att meditera och följa er undervisning."

"Nej, du kommer inte att klara av det", svarade Master. "Din plats är här. Om du återvänder till ditt gamla liv kommer du att glömma den här vägen."

Eleven reste. Han försummade sin meditation och försjönk i världslighet. Gurun sörjde sitt "förlorade får". Till lärjungarna sa han:

"Ondskan har sin makt. Om du ger efter för den, håller den fast dig. Därför, när du gör ett felsteg, återvänd omedelbart till rättfärdighetens väg."

❖ ❖ ❖

"Om en person sa: 'Jag är Gud', skulle ni inte tro honom", sa Master till en grupp lärjungar. "Men vi kan alla med rätta säga: 'Gud har blivit jag.' Av vilket annat ämne kunde vi ha blivit tillverkade? Han är den enda substansen i skapelsen. Innan Han uppenbarade fenomen-världen existerade ingenting förutom Han Själv såsom Ande. Från Sitt eget väsen skapade Han allt - universum och människornas själar."

❖ ❖ ❖

"Bör jag läsa böcker?" frågade en lärjunge.

"Studerandet av andliga skrifter, om du läser stroferna långsamt och försöker införliva deras djupa innebörd, kommer inspirera dig till att söka Gud med större entusiasm", svarade Master. "Läsning av andlig litteratur utan att följa dess instruktioner leder till fåfänga, falsk tillfredsställelse och vad jag kallar 'intellektuell förstoppning.'

"Många människor måste ägna sin uppmärksamhet åt sekulära böcker för att försörja sig, men de som avsagt sig det världsliga, som du själv, bör inte läsa oandliga böcker - de som saknar Gud på sina sidor."

❖ ❖ ❖

"Går skapelsen verkligen igenom en evolutionsprocess?" frågade en lärjunge.

"Evolution är ett förslag från Gud i det mänskliga sinnet och är sann i den relativa världen", svarade Master. "Egentligen sker allting i nuet. I Anden existerar ingen evolution - precis som att ljusstrålen från en filmprojektor är oförändrad medan den visar olika scener på vita duken. Gud kan spola "skapelsens film" bakåt eller framåt, men allting sker egentligen i ett evigt *nu*."

❖ ❖ ❖

"Att arbeta för Gud och inte för sig själv, innebär det att man inte får ha ambitioner?" frågade en lärjunge.

"Nej, du ska vara ambitiös i att utföra arbete för Gud", sa Master. "Om din vilja är svag och din ambition död så är ditt liv redan förbrukat. Men låt inte din ambition skapa världsliga bindningar.

"Att sträva efter något enbart för sig själv är destruktivt, att sträva efter något för andra är expansivt. Men att söka behaga Gud är den bästa inställningen. Det kommer leda dig rakt in i den Gudomliga Närvaron."

❖ ❖ ❖

"Jag dras till ashramlivet", sa en man till Paramahansaji, "men jag tvekar att ge upp min frihet."

"Utan förverkligandet av Gud i dig själv har du inte mycket frihet", svarade Master. "Ditt liv styrs av impulser, nycker, humörsvängningar, vanor och omgivning. Genom att följa en gurus råd och acceptera hans disciplin, kommer du gradvis resa dig ur sinnenas slaveri. Frihet innebär kraften att handla genom själens vägledning, inte genom tvång från begär och ovanor. Att lyda egot leder till slaveri, att lyda själen ger befrielse."

❖ ❖ ❖

"Sir, finns det någon vetenskaplig metod, förutom *Kriya Yoga*, som leder en lärjunge till Gud?" frågade en elev.

"Ja", svarade Master. "Ett snabbt och säkert sätt till det Oändliga är att koncentrera uppmärksamheten på centrat för Kristusmedvetande[34] mellan ögonbrynen."

❖ ❖ ❖

"Är det fel att tvivla? Jag tycker inte om att tro blint", sa en elev. Master svarade:

[34] Se *andliga ögat* i ordlistan.

"Det finns två olika slags tvivel: destruktivt och konstruktivt. Destruktivt tvivel är vanemässig skepticism. Människor som odlar den attityden misstror blint - de undviker arbetet med att objektivt undersöka hur saker och ting ligger till. Skepticism är ett brus på ens mentala radio som gör att man missar det rätta programmet.

"Konstruktivt tvivel är att intelligent ifrågasätta och rättvist undersöka. De som odlar den attityden dömer inte saker på förhand eller accepterar andras åsikter som slutgiltiga. På den andliga vägen baserar de konstruktiva tvivlarna sina slutsatser på tester och personlig erfarenhet - den rätta metoden att närma sig sanningen."

◆ ◆ ◆

"Varför skulle Gud utan vidare överlämna Sig Själv till dig?" sa Master under en föreläsning. "Du som arbetar så hårt för pengar och så lite för gudomligt förverkligande! De hinduiska helgonen förklarar att om vi skulle ge så lite som tjugofyra timmar till kontinuerlig, oavbruten bön, skulle Gud uppenbara Sig eller på något annat sätt låta oss uppleva Honom. Endast en timme om dagen i djup meditation på Gud skulle göra att Han, med tiden, kom till oss."

❖ ❖ ❖

En viss lärjunge som var av den intellektuella sorten, fick av Paramahansaji rådet att försöka utveckla hängivenhet. Master kände att den unge mannen gjorde stora framsteg och sa en dag kärleksfullt till honom:

"Håll dig stadigt till hängivenhetens väg. Hur 'torftigt' var inte ditt liv när du förlitade dig enbart på intellektet!"

❖ ❖ ❖

"Önskningar är de mest obevekliga av människans fiender - hon kan inte blidka dem", sa Master. "Ha bara en önskan: Att lära känna Gud. Du kan aldrig bli tillfredsställd av att försöka mätta de känslomässiga begären, för du är inte dina sinnen. De är dina tjänare, inte ditt Själv."

❖ ❖ ❖

Paramahansaji och lärjungarna satt vid öppna spisen i ashramets sällskapsrum och pratade om andliga ting. Master sa:

"Föreställ er två män. Till höger om dem ligger livets dal och till vänster dödsskuggans dal. Båda är förnuftiga personer men en går åt höger och den andre åt vänster. Varför? Därför att den ene korrekt använde sin urskiljningsförmåga, medan den andre missbrukade sin förmåga genom att ge efter för falska rationaliseringar."

❖ ❖ ❖

"Master, Dr. Lewis var väl er första lärjunge i det här landet?"

Paramahansaji svarade, "Det är vad de säger." När han såg att den som frågade blev lite undrande tillade han: "Jag påstår aldrig att andra är mina lärjungar. Gud är Gurun - de är Hans lärjungar."

❖ ❖ ❖

En elev beklagade sig över att tidningarna enbart fokuserar på allt elände i världen.

"Ondska sprids med vinden", sa Master. "Sanning har förmågan att färdas i motvind."

❖ ❖ ❖

Många var nyfikna på Masters ålder. Han brukade skratta och säga:

"Jag har ingen ålder. Jag existerade före atomerna,

före skapelsens begynnelse."
Till lärjungarna gav han följande råd:
"Intala er själva denna sanning: 'Jag är det oändliga
Havet som i vågorna blir till många. Jag är evig och
odödlig. Jag är Ande.'"

❖ ❖ ❖

"Vad förhindrar jorden från att lämna sin omlopps-
bana?" frågade Paramahansaji en lärjunge.
"Centripetalkraften eller solens dragningskraft hin-
drar jorden från att försvinna ut i yttre rymden, sir",
svarade den unge mannen.
"Vad är det då som förhindrar jorden från att helt
fångas in av solen?" fortsatte Master.
"Jordens centrifugalkraft, sir, gör att den håller ett
visst avstånd från solen."
Master gav lärjungen ett menande leende. Senare
förstod denne att Paramahansaji hade talat i liknelser
om Gud som den attraherande Solen och den egoistiska
människan som jorden - vilken "håller avstånd".

❖ ❖ ❖

En elev försökte, genom mental analys, begripa vad
Gud är. Master sa:

"Tro inte att du kan förstå den Oändliga Herren genom intellektet. Förnuftet kan enbart greppa principen om orsak och verkan som finns i de fenomenstyrda världarna. Förnuftet saknar förmåga att förstå transcendental sanning och det Absolutas orsakslösa natur.

"Människans högsta förmåga är inte intellektet utan intuitionen - uppfattandet av kunskap som ögonblickligen och spontant kommer från själen, inte från de otillförlitliga sinnena eller från intellektet."

❖ ❖ ❖

Efter att ha löst en tvist mellan två elever, sa Master: "Mänskligheten har endast en verklig fiende - okunnighet. Låt oss alla arbeta tillsammans för att förgöra den medan vi hjälper och uppmuntrar varandra längs vägen."

❖ ❖ ❖

"Hur kunde Gud, det Omanifesterade Absoluta, uppenbara sig i synlig form[35] för en lärjunge?" frågade en man. Master sa:

"Om du tvivlar, ser du inte och om du ser, tvivlar

---

[35] Se *Gudomliga Moder* i ordlistan.

du inte."

❖ ❖ ❖

"Men Sir", vädjade en lärjunge, "jag insåg inte att mina ord skulle göra M — ledsen." Master svarade:

"Även om vi ovetande bryter mot en lag eller oavsiktligt sårar någon, har vi inte desto mindre felat. Det är egoism som vilseleder oss. Helgon agerar inte oklokt, för de har övergivit egot och funnit sin sanna identitet i Gud."

❖ ❖ ❖

En lärjunge uttryckte avsky för en person vars brott nyligen hade diskuterats i tidningarna.

"Jag känner sorg för en människa som är sjuk", sa Master. "Varför skulle jag hata en människa som har hemfallit åt ondska? Hon är *riktigt* sjuk."

❖ ❖ ❖

"När väggarna i en reservoar brister", sa Master, "rinner vattnet ut åt alla håll. På samma sätt, när rastlöshetens[36] och illusionens begränsningar avlägsnas genom meditation, sprids människans medvetande ut till oändlighet och sammansmälter i Andens allnärvaro."

❖ ❖ ❖

"Varför ger Gud oss familjer om Han inte vill att vi ska älska dem mer än vi älskar andra människor?" frågade en elev.

"Genom att placera oss i familjer ger Gud oss en möjlighet att övervinna själviskhet och gör det lättare för oss att tänka på andra", svarade Master. "I vänskapsrelationer erbjuder Han oss ett sätt att ytterligare bredda vår samhörighet. Men inte ens det är slutet. Vi måste fortsätta utvidga vår kärlek ända tills den blir gudomlig och inbegriper alla varelser, överallt. Hur ska vi annars kunna uppnå enhet med Gud - allas vår Fader?"

❖ ❖ ❖

Guds tålmodiga kärlek fick ett gripande uttryck när Gurun sa: "I en av Hans aspekter, en mycket rörande sådan, kan Herren sägas vara en tiggare. Han längtar efter vår uppmärksamhet. Universums Mästare - under

36 Se *andning* i ordlistan.

Paramahansa Yogananda talar vid invigningen av Self-Realization
Fellowship Lake Shrine och Gandhi World Peace Memorial i
Pacific Palisades, Kalifornien, 1950.

vars blick alla stjärnor, solar, månar och planeter skäl-
ver - springer efter människan och säger: 'Kan du inte
ge Mig din tillgivenhet? Älskar du inte Mig, Givaren,
mer än de saker jag gjort åt dig? Vill du inte söka Mig?'
   "Men människan säger: 'Jag är för upptagen nu, jag
måste arbeta. Jag har inte tid att leta efter Dig.'
   "Och Gud säger: 'Då väntar jag.'"

◆ ◆ ◆

Master höll ett anförande om skapelsen och om
varför Gud hade startat den. Lärjungarna ställde många
frågor. Paramahansaji skrattade och sa:
   "Livet är en roman, mästerligt författad av Gud, och
människan skulle bli tokig om hon försökte förstå den
enbart med sitt förnuft. Det är därför jag uppmanar er
att meditera mer. Utvidga intuitionens magiska bägare,
då kommer ni att kunna omfamna den oändliga visdo-
mens hav."

◆ ◆ ◆

"Jag har förstått att ni har två sorters medlemmar –
de som lever i världen och de som avgett sina löften och
lever i ashramet", sa en besökare. "Vilken grupp följer
den bättre vägen?"

80

"Vissa människor älskar Gud så djupt att inget annat spelar någon roll. De avsäger sig allt och arbetar här, endast för Herren", svarade Master. "Andra, som måste arbeta i världen för att försörja sig själva och sina familjer, är inte uteslutna från gudomlig gemenskap. Oftast tar det bara längre tid för dem att hitta Gud, det är allt."

❖ ❖ ❖

En man beklagade sig över att det gick dåligt för honom. "Det måste vara mitt karma", sa han. "Jag verkar inte kunna lyckas med någonting."

"Då bör du arbeta ännu hårdare", svarade Master. "Glöm det förgångna och förlita dig mer på Gud. Vårt öde är inte förutbestämt av Honom. Inte heller är karma den enda orsaken, även om våra liv *påverkas* av våra tankar och handlingar från det förflutna. Om du inte är nöjd med hur livet ser ut - förändra mönstret. Jag tycker inte om att höra människor sucka och skylla dagens misslyckanden på felsteg i tidigare liv. Att göra så är andlig lathet. Sätt igång och rensa bort ogräset ur ditt livs trädgård."

❖ ❖ ❖

"Varför straffar Gud inte dem som missbrukar Hans namn?" frågade en elev. Master sa:

"Gud påverkas varken av falska böner och lovord eller av okunniga ateistiska utbrott. Han svarar människan endast genom lag. Slå på en sten med knytnäven, drick svavelsyra och du får ta konsekvenserna. Bryt Hans livslagar, och lidande blir resultatet. Tänk rätt, uppför dig värdigt och frid infinner sig. Älska Gud förbehållslöst och Han kommer till dig!"

❖ ❖ ❖

"Den människa är den störste som anser sig vara minst, såsom Jesus undervisade", sa Paramahansaji. "En sann ledare är den som först lärt sig lyda andra, som ser sig som allas tjänare och som aldrig placerar sig själv på en piedestal. Den som vill bli smickrad förtjänar inte vår beundran, men den som tjänar oss har rätt till vår kärlek. Är inte Gud sina barns tjänare och önskar han bli lovordad? Nej, Han är alltför stor för att beröras av sådant."

❖ ❖ ❖

Master beskrev för en grupp SRF munkar och nunnor hur man bör förbereda sig inför sina predikningar:

"Först, meditera djupt. Sedan, håll kvar känslan av frid som följer med meditationen och tänk på ämnet för ert tal. Skriv ner era idéer och lägg till en eller två roliga historier, för människor tycker om att skratta. Avsluta med ett citat från *SRF's Lektioner.*[37] Lägg sedan undan era anteckningar och glöm bort det hela. Strax innan ni börjar er predikan, be Anden strömma genom era ord. På så sätt kommer ni att dra inspiration - inte från egot, utan från Gud."

❖ ❖ ❖

En kvinna sa till Gurun att fastän hon regelbundet deltog i hans gudstjänster i templet, kände hon sig inte närmare Gud. Paramahansaji svarade:

"Om jag berättar för dig att en frukt har en speciell färg, att den är söt och hur den växer, skulle du fortfarande bara förstå det oväsentliga. För att ta reda på dess verkliga smak måste du själv äta den. På samma sätt måste du, för att förstå sanningen, uppleva den."

Han tillade: "Jag kan endast väcka din aptit för gudomlig frukt. Varför inte ta en tugga?"

❖ ❖ ❖

[37] Se ordlista.

"Vi är alla vågor i Oceanens famn", sa Master. "Havet kan existera utan vågorna, men vågorna kan inte existera utan havet. På samma sätt kan Ande existera utan människan, men människan kan inte existera utan Ande."

❖ ❖ ❖

En lärjunge kämpade fåfängt med att försöka besegra sina svagheter. Till honom sa Master:
"För tillfället ber jag dig inte om att besegra *maya*. Det enda jag önskar är att du *står emot*."

❖ ❖ ❖

Till en ny elev som var ivrig att undfly livets prövningar, sa Master:
"Den Gudomliga Läkaren håller dig kvar på den jordiska villfarelsens sjukhus, ända tills ditt sjukliga begär för materiella ting är botat. Först då låter Han dig komma Hem."

❖ ❖ ❖

Vid en föreläsning på ostkusten mötte Master en framstående affärsman. Under samtalets gång konstaterade mannen:

"Jag är groteskt frisk och groteskt rik."

"Men du är inte groteskt lycklig, eller hur?" svarade Master.

Mannen insåg poängen och blev en hängiven elev till Paramahansajis *Kriya Yoga*-undervisning.

❖ ❖ ❖

Med hänvisning till följande text i Bibeln: "Se, jag står för dörren och bultar. Om någon hör min röst och öppnar dörren skall jag gå in till honom och äta med honom och han med mig",[38] sa Master:

"Kristus försöker öppna dörren till ditt hjärta, men du har låst den med likgiltighet."

❖ ❖ ❖

"Det är väldigt bra sir, att ni predikar i Amerika under just denna tid. Efter två världskrig är människor mer mottagliga för ert andliga budskap", påpekade en man som nyligen läst *En Yogis Självbiografi*.

"Ja", svarade Master. "För femtio år sedan hade de varit ointresserade. 'Allting har sin tid och varje företag

[38] Uppenbarelseboken 3:20.

85

under himmelen har sin stund.'"[39]

❖ ❖ ❖

Då Self-Realization Fellowship - den organisation han grundat för att sprida sin undervisning - snabbt växte sig större, såg Master hur några lärjungar blev allt mer uppslukade av arbete. Han varnade dem: "Bli aldrig för upptagna för att i hemlighet sjunga till Gud: 'Du är min, jag är Din.'"

❖ ❖ ❖

När han såg att en lärjunge var nedstämd, sa Master vänligt:
"När bedrövelsens tagg genomborrar ditt hjärta, dra då ut den med meditationens pincett."

❖ ❖ ❖

"Det här är inte en väg för den late", sade Master i ett litet välkomsttal till en nyinflyttad vid Mt. Washington Center. "Den oföretagsamme kan aldrig finna Gud - skapelsens Storslagna Arbetare! Han hjälper inte dem

[39] Predikaren 3:1.

som tycker att Han ska göra allt jobb. I tysthet bistår Han dem som villigt och intelligent utför sina plikter och som säger: 'Herre, det är Du som använder min hjärna och mina händer.'"

◆ ◆ ◆

En elev klagade över att han var alltför upptagen för att meditera. Masters svar var kort:

"Tänk om Gud var alltför upptagen för att ta hand om dig?"

◆ ◆ ◆

"Den mänskliga kroppen är en gudomlig idé i Guds sinne", sa Master. "Han skapade oss från strålar av oförgängligt ljus[40] och inneslöt oss i ett hölje av skinn. Vi har fäst vår uppmärksamhet på det förgängliga höljets svagheter, istället för på den eviga livskraften inom det."

◆ ◆ ◆

"Gud känns diffus och långt borta", hävdade en

---

[40] "Om nu ditt öga är ogrumlat, *får hela din kropp ljus*" (Matteus 6:22).

87

elev.

"Gud verkar avlägsen bara för att din uppmärksamhet är riktad utåt mot Hans skapelse och inte inåt mot Honom", sa Master. "När ditt sinne vandrar iväg i labyrinten av världsliga tankar, led det då tålmodigt tillbaka till hågkomsten av den inneboende Herren. Med tiden kommer du alltid ha Honom med dig. En Gud som talar till dig på ditt eget språk, en Gud vars ansikte kikar på dig från varje blomma, buske och grässtrå.

"Då kommer du säga: 'Jag är fri! Jag är klädd i Andens skira slöja. Jag flyger från jorden mot himlen på vingar av ljus.' Och vilken glädje uppfyller inte då ditt väsen!"

❖ ❖ ❖

"Kan ni, bara genom att titta på en person, säga hur andligt utvecklad han eller hon är?" frågade en lärjunge Paramahansaji.

"Omedelbart", svarade Master stilla. "Jag ser människors dolda sidor eftersom det är mitt arbete i detta liv. Men jag pratar inte om vad jag ser. Den människa som egoistiskt säger att hon vet, vet inte. Den som verkligen vet eftersom hon känner Gud, förblir tyst."

❖ ❖ ❖

Till en lärjunge som om och om igen bad Master att ge henne Gudsmedvetande, utan att göra någonting för att förbereda sig på ett sådant tillstånd, sa Master:

"En som älskar Gud av hela sitt hjärta kan inspirera sina försumliga bröder och systrar att vilja återvända till sitt hem i Honom - men de måste själva, steg för steg, göra den faktiska resan."

❖ ❖ ❖

Varje år, dagen före julafton, brukade lärjungarna och Master samlas på Mount Washington Center för att meditera. Denna andliga sammankomst varade oftast hela dagen och in på kvällstimmarna. Under Julmeditationen 1948 visade sig den Gudomliga Modern för Master och de överväldigade lärjungarna hörde honom tala till Henne. Flera gånger utbrast han med en djup suck:

"Du är så vacker!"

Många av de närvarande fick genom Paramahansaji höra om Hennes önskningar gällande deras liv. Plötsligt utropade han:

"Gå inte! Du säger att de undermedvetna materiella begären hos dessa personer driver bort Dig? Åh, kom tillbaka! Kom tillbaka!"

❖ ❖ ❖

"Jag har aldrig kunnat tro på himlen Master", sa en ny elev. "Finns det verkligen en sådan plats?"

"Ja", svarade Paramahansaji. "De som älskar Gud och sätter sin tillit till Honom kommer dit när de dör. På det astrala planet[41] har man förmågan att omedelbart materialisera vad som helst endast med ren tankekraft. Den astrala kroppen är gjord av skimrande ljus. I dessa riken finns färger och ljud som saknar motstycke på jorden. Det är en vacker och behaglig värld, men inte ens upplevelsen av himlen är det högsta tillståndet. Människan uppnår slutgiltig salighet när hon övervinner fenomenens sfärer och förverkligar Gud och sig själv som Absolut Ande."

❖ ❖ ❖

"En diamant och en kolbit som ligger intill varandra, tar emot lika mycket solstrålar. Men inte förrän kolbiten blir en diamant, vit och klar, kan den reflektera solljuset", sa Master. "På samma sätt kan den världsliga människan, fylld av mörker, inte jämföras i skönhet med den lärjunge som renats och fått förmågan att

---

[41] Se *astrala världar* i ordlistan.

reflektera Guds ljus."

❖ ❖ ❖

"Avstå från skvaller och ryktesspridning", sa Master till en grupp lärjungar. "Ge en lögn tjugofyra timmars försprång och ibland tycks den bli odödlig."

"En man som en gång bodde i ashramet berättade ofta osanningar om andra. En dag började han sprida ett grundlöst rykte om en pojke. När detta nådde mina öron viskade jag till några få personer, en harmlös men falsk historia om mannen.

"Han kom till mig och sa indignerat: 'Hör vad alla människor här säger om mig!' Jag lyssnade artigt. När han var färdig anmärkte jag:

"'Det där gillar du inte, eller hur?'

"'Självklart inte!'

"'Nu vet du hur pojken kände sig när andra upprepade lögnen du spred om honom.' Mannen blev generad. Jag fortsatte, 'Det var jag som först spred historien om dig. Jag gjorde det för att lära dig en läxa om vikten av att ta hänsyn till andra – en läxa du varit oförmögen att lära dig på något annat sätt.'"

❖ ❖ ❖

"Ni ska gå djupt när ni mediterar", sa Master till en grupp lärjungar. "Så fort ni tillåter er att bli rastlösa dyker de gamla problemen upp på nytt: begär efter sex, vin och pengar."

♦ ♦ ♦

"Människan verkar ha väldigt liten fri vilja", observerade en elev. "Mitt liv är 'förutbestämt' på så många sätt."

"Vänd dig mot Gud och du kommer upptäcka att du kan skaka av dig vanans och omgivningens bojor", svarade Master. "Även om livets drama styrs av en kosmisk plan, kan människan förändra sin roll genom att ändra fokus för sitt medvetande. Självet identifierat med egot är bundet. Självet identifierat med själen är fritt."

♦ ♦ ♦

En besökare vid Mt. Washington Center sa till Paramahansaji:

"Jag tror på Gud, men Han hjälper mig inte."

"Tro på Gud och förtröstan på Gud är två skilda saker", svarade Master. "En tro är värdelös om du inte testar och lever efter den. Tro omvandlad till erfarenhet blir till förtröstan. Det var därför profeten Malaki sa till oss: *'Pröva så hurudan jag sedan blir,* säger Herren Sebaot. Förvisso skall jag då öppna himlens fönster över er och utgjuta över er riklig välsignelse, så att det inte kommer att finnas rum nog att ta emot den.'"[42]

◆ ◆ ◆

En elev hade begått ett allvarligt misstag. Hon beklagade sig: "Jag har alltid försökt odla goda vanor. Jag förstår inte att det här kunde hända mig."

"Ditt misstag var att alltför mycket lita till goda vanor och försumma att ständigt träna gott omdöme", sa Master. "Dina goda vanor hjälper dig i alldagliga och välbekanta situationer, men förmår kanske inte vägleda dig när ett nytt problem dyker upp. Då krävs urskiljning. Genom djupare meditation kommer du lära dig att alltid välja rätt väg, även när du konfronteras med extraordinära omständigheter." Han tillade:

"Människan är inte en robot och kan därför inte alltid handla klokt genom att endast följa fasta regler och rigida moralprinciper. I den stora mängden av dagliga problem och händelser finns det spelrum för att

[42] Malaki 3:10.

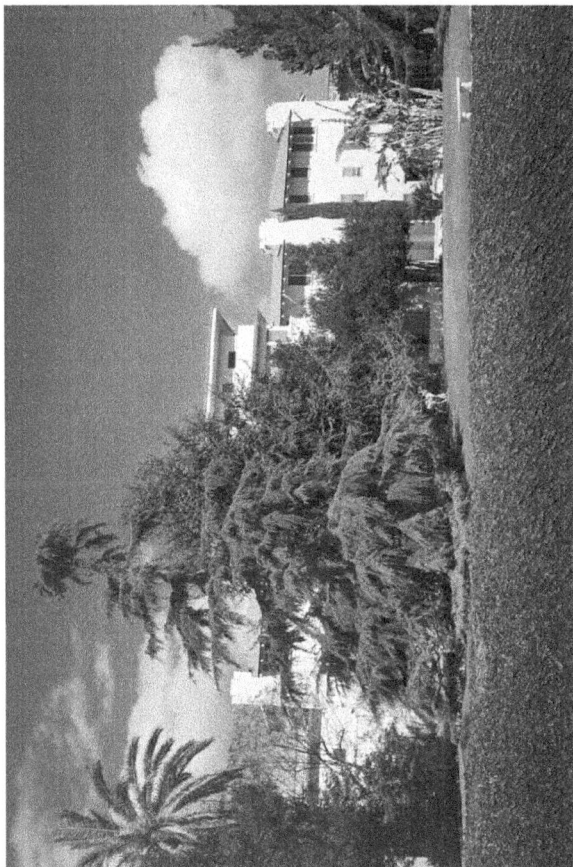

Det internationella huvudkontoret för Self-Realization Fellowship/Yogoda Satsanga Society of India på Mount Washington i Los Angeles, Kalifornien.

utveckla ett gott omdöme."

❖ ❖ ❖

En dag tillrättavisade Paramahansaji en munk för olämpligt uppträdande. Lärjungen frågade: "Men ni förlåter mig väl, inte sant, sir?"

Master svarade: "Ja, vad annat kan jag göra?"

❖ ❖ ❖

En stor grupp kvinnliga lärjungar avnjöt tillsammans med Master en picknick på gräsmattan till Self-Realizations Ashram Center i Encinitas, med utsikt över Stilla havet. Paramahansaji sa:

"Tänk så mycket bättre det här är än de tidsödande nöjen som sysselsätter rastlösa, världsliga människor. Var och en av er blir uppfyllda av frid och glädje. Gud vill att Hans barn ska leva enkelt och vara nöjda med oskuldsfulla nöjen."

❖ ❖ ❖

"Bry er inte om andra människors fel och brister", sa Master. "Använd vishetens skurmedel för att hålla ert eget sinnes alla rum glänsande och fläckfria. Genom era exempel kommer andra inspireras till att göra sin egen storstädning."

❖ ❖ ❖

Två lärjungar som var obefogat arga på en av sina bröder, klagade hos Master. Han lyssnade tyst. När de var färdiga sa han: "Ändra er själva."

❖ ❖ ❖

"Träna dina barns vilja i rätt riktning - bort från själviskhet och påföljande bedrövelse", sa Master till en mamma. "Inskränk inte deras frihet eller hindra dem i onödan. Ge dem dina förslag med kärlek och med förståelse för vikten av att de får ha sina egna små önskemål. Om du bestraffar i stället för att resonera med dem, förlorar du deras förtroende. Om ett barn envisas, förklara då din åsikt en gång och säg sedan inget mer. Låt barnet få sina egna små törnar - de kommer att lära honom eller henne urskiljning snabbare än all världens goda råd."

[När han tränade sin andliga familj av lärjungar, följde Paramahansaji sina egna råd. Han hjälpte "barn" i alla åldrar att utveckla sina viljor på rätt sätt. Hans förslag gavs med kärlek och full förståelse för varje lärjunges särskilda behov och personlighet. Han förmanade sällan en person två gånger. Han pekade ut en svaghet en gång och var sedan tyst.]

❖ ❖ ❖

"Det är svårt att vara i närheten av en väldoftande ros eller en illaluktande skunk utan att bli påverkad av den", sa Master. "Därför är det bättre att endast umgås med mänskliga rosor."

❖ ❖ ❖

"Jag gillar era läror. Men är ni kristen?" Den som undrade pratade för första gången med Paramahansaji. Gurun svarade:

"Sa inte Kristus: 'Inte alla som säger 'Herre, Herre' till mig, skall komma in i himmelriket, utan bara de som gör min himmelske faders vilja?'"[43]

"I Bibeln syftar termen *hedning* på en avgudadyrkare, en vars uppmärksamhet inte är fokuserad på Herren utan på världens lockelser. En materialist kan gå i kyrkan på söndagarna och ändå vara en hedning. Den som alltid håller minnet av den Himmelske Fadern levande

[43] Matteus 7:21.

och följer Jesu föreskrifter, är en kristen." Han tillade: "Det är upp till dig att bestämma om du tycker att jag är kristen eller inte."

❖ ❖ ❖

"Du ser vad bra det är att arbeta för Gud", sa Master till en villig och samvetsgrann lärjunge. "Den inre känslan av egoism eller själviskhet är ett test. Kommer vi att klokt arbeta för den Himmelske Fadern, eller dåraktigt endast för oss själva?"

"Genom att utföra handlingar i rätt anda, förstår vi att det är Herren som är den ende Utföraren. Det vill säga, all kraft är gudomlig och flödar från den Enda Existensen - Gud."

❖ ❖ ❖

"Livet är Guds stora dröm", sa Master.

"Om det bara är en dröm, varför är då smärtan så verklig?" frågade en elev.

"Ett dröm-huvud som slås emot en dröm-vägg orsakar dröm-smärta", svarade Paramahansaji. "En människa som drömmer är inte medveten om drömmens hallucinatoriska struktur förrän hon vaknar. På samma sätt förstår inte människan den kosmiska skapelse-drömmens vilseledande natur förrän hon vaknar upp i Gud."

❖ ❖ ❖

Master underströk vikten av att leva ett balanserat liv med både aktivitet och meditation.

"Att arbeta för Gud och inte för sig själv", sa han, "är lika bra som meditation. Då stöder arbetet din meditation och meditationen hjälper ditt arbete. Du behöver balansen. Med endast meditation blir du lat. Med bara aktivitet blir sinnet världsligt och du glömmer Gud."

❖ ❖ ❖

"Det är en vacker tanke att Herren älskar oss alla lika mycket", sa en besökare, "men det verkar orättvist att Han bryr sig lika mycket om en syndare som ett helgon."

"Är en diamant mindre värd bara för att den är täckt av lera?" svarade Master. "Gud ser den oföränderliga skönheten i våra själar. Han vet att vi inte är våra misstag."

❖ ❖ ❖

Många människor verkar motsätta sig utveckling och föredra sina invanda tanke- och handlingsmönster. "Jag kallar sådana personer 'psykologiska antikviteter'", sa Master till lärjungarna. "Var inte som dem, så slipper ni höra änglarna säga när ni dör: 'Åhå, här kommer en antikvitet, den skickar vi tillbaka till jorden!'"[44]

❖ ❖ ❖

"Vad är skillnaden mellan en världslig person och en ond person?" frågade en man. Master sa:

"De flesta människor är världsliga, få är verkligt onda. 'Världslig' innebär att vara dåraktig - att lägga vikt vid bagateller och att, på grund av okunnighet, hålla sig borta från Gud. 'Ondska' däremot, innebär att avsiktligt vända ryggen åt Gud. Inte många skulle göra det."

❖ ❖ ❖

En ny elev trodde att det var möjligt att tillgodogöra sig Masters undervisning enbart genom djupa studier, utan att praktisera meditation. Paramahansaji sa till honom:

[44] Se *reinkarnation* i ordlistan.

"Insikten om sanningen måste växa inifrån. Den kan inte transplanteras."

❖ ❖ ❖

"Bli inte ledsna om ni inte ser något ljus eller några bilder när ni mediterar", sa Master till sina lärjungar. "Gå djupt in i upplevelsen av lycka - där kommer ni att finna Guds verkliga närvaro. Sök inte en del av Helheten, sök Helheten."

❖ ❖ ❖

En viss elev som Master initierat i *Kriya Yoga,* sa till en annan elev:

"Jag praktiserar inte *Kriya* dagligen. Jag försöker hålla kvar minnet av den glädje som kom till mig första gången jag använde tekniken."

När Paramahansaji fick historien berättad för sig, skrattade han och sa:

"Han är som en hungrig människa som matvägrar med invändningen: 'Nej tack. Jag försöker hålla kvar den tillfredsställande känsla som jag fick från en måltid i förra veckan.'"

❖ ❖ ❖

"Master, jag älskar alla", sa en lärjunge.

"Du bör älska endast Gud", svarade Paramahansaji.
Lärjungen träffade Gurun några veckor senare. Han
frågade henne: "Älskar du andra?"

"Min kärlek är endast för Gud", svarade hon.

"Du bör älska alla med samma kärlek."

Den förbluffade lärjungen sa: "Sir, vad menar ni?
Först säger ni att det är fel att älska alla, sedan säger ni
att det är fel att utesluta någon."

"Du attraheras av människors personligheter, vilket
leder till begränsande bindningar", förklarade Master.
"När du verkligen älskar Gud kommer du att se Honom
i varje ansikte och då förstå vad det innebär att älska
alla. Det är inte former och egon vi ska älska, utan den
inneboende Herren i alla. Han ensam besjälar Sina var-
elser med liv, charm och individualitet."

◆ ◆ ◆

En lärjunge uttryckte sin önskan att behaga Master.
Paramahansaji svarade:

"Min lycka ligger i vetskapen om att du är lycklig i
Gud. Var förankrad i Honom."

◆ ◆ ◆

102

"Min längtan efter Gud är väldigt stark", sa en lärjunge. Master svarade:
"Det är den största välsignelsen - att i ditt hjärta känna Hans dragningskraft. Det är Hans sätt att säga: 'Alltför länge har du roat dig med leksakerna i Min skapelse. Nu vill jag ha dig hos Mig. Kom hem!'"

❖ ❖ ❖

Några av bröderna och systrarna i Self-Realization Orden diskuterade med Paramahansaji om värdet av att bära en särskild ordensdräkt för att stärka sökandet efter Gud. Master sa:
"Det viktiga är inte era kläder, utan er attityd. Gör ert hjärta till ett ashram och er Gudskärlek till er dräkt."

❖ ❖ ❖

Apropå det dåraktiga i att hålla sig med dåligt sällskap, sa Master: "Att skala vitlök eller vidröra ett ruttet ägg lämnar en motbjudande lukt på händerna, vilket sedan kräver mycket tvättande."

❖ ❖ ❖

"Så länge vi är försjunkna i kroppsmedvetande är vi

som främlingar i ett främmande land", sa Master. "Vårt hemland är Allnärvaro."

❖ ❖ ❖

Master och en grupp lärjungar promenerade vid Encinitas Ashram, på gräsmattan som vetter mot Stilla havet. Det var mörkt och dimmigt. Någon anmärkte: "Vad kallt och grått det är!"

"Det är ungefär som den atmosfär som omsluter en materialistisk människa vid dödsögonblicket", sa Master. "Hon glider från den här världen till något som tycks vara en tung dimma. Ingenting är tydligt och under en tid känner hon sig vilsen och rädd. Därefter, i enlighet med hennes karma, fortsätter hon vidare till en ljus astral värld för att förvärva andlig kunskap. Eller så sjunker hon ned i en dvala tills det rätta, karmiska ögonblicket kommer att återfödas på jorden.

"En lärjunges medvetande, en som älskar Gud, påverkas inte av övergången från den här världen till nästa. Hon går obehindrat in i en värld fylld av ljus, kärlek och glädje."

❖ ❖ ❖

"De flesta människor är uppslukade av det

materiella", sa Master. "Om de alls tänker på Gud är det bara för att be om pengar eller hälsa. De ber sällan om den högsta gåvan: åsynen av Hans ansikte, den transformerande beröringen av Hans hand.

"Gud vet hur våra tankar går. Han visar Sig inte förrän vi har överlämnat vår sista världsliga önskan, inte förrän var och en av oss säger: 'Fader, vägled och ta mig i besittning.'"

◆ ◆ ◆

"Oavsett åt vilket håll du vänder en kompass så pekar nålen alltid mot norr", sa Master. "Så är det även med en sann yogi. Han må vara upptagen med många yttre aktiviteter, men hans sinne är alltid riktat mot Herren. Hans hjärta sjunger oavbrutet: 'Min Gud, min Gud, mest älskansvärd av alla!'"

◆ ◆ ◆

"Förvänta er inte att dagligen få upptäcka en andlig blomma i ert livs trädgård", sa Master till en grupp lärjungar. "Lita på att den Gud ni överlämnat er åt, kommer att ge er gudomlig uppfyllelse vid rätt tidpunkt."

"Ni har redan sått ett frö av Gudslängtan. Vattna det med bön och rätta handlingar. Rensa bort ogräs av

105

tvivel, obeslutsamhet och lättja. När skott av gudomlig förnimmelse skjuter upp ska ni hängivet vårda dem. En morgon kommer ni att skåda blomman av Självets förverkligande."

❖ ❖ ❖

Paramahansaji föreläste för en grupp lärjungar. En av dem som utåt sett verkade uppmärksam på Guruns ord, lät sina tankar vandra. När det blev dags att säga godnatt vände sig Paramahansaji till honom:
"Sinnet är som en häst - det är klokt att binda upp det, annars springer det iväg."

❖ ❖ ❖

Många män och kvinnor förstår inte andliga sanningar. De vill inte ta emot den hjälp ett helgon så gärna ger dem, utan avvisar misstänksamt hans råd. En dag suckade Paramahansaji:
"Människor är så skickliga i sin okunnighet!"

❖ ❖ ❖

En seriös ny student förväntade sig, som genom ett trollslag, omedelbara resultat av sin meditation. Han

blev mycket besviken då han efter en veckas ansträng-
ningar inte kunde se något tecken på en inre närvaro
av Gud.

"Om du inte hittar pärlan efter ett eller två dyk, kan
du inte skylla på havet. Ta i stället reda på vad som är
fel med ditt dykande", sa Master. "Du har ännu inte nått
djupt nog."

❖ ❖ ❖

"Genom utövande av meditation", sa Master, "kom-
mer du upptäcka att du i hjärtat bär på ett portabelt
paradis."

❖ ❖ ❖

Master var på många sätt den mest ödmjuke av
de ödmjuka, men vid särskilda tillfällen kunde han
vara orubblig. En viss lärjunge, som endast hade sett
Paramahansajis mjuka sida, började försumma sina
plikter. Gurun tillrättavisade honom skarpt. När han
såg den unge mannens förvåning över denna oväntade
reprimand, sa Master:

"När du glömmer bort det höga syfte som förde dig
hit, kommer jag ihåg mitt andliga ansvar att korrigera
dina brister."

❖ ❖ ❖

Gurun underströk behovet av att vara fullständigt uppriktig mot Gud. Han sa:

"Herren låter sig inte mutas av storleken på församlingen i en kyrka, dess rikedom eller dess välplanerade gudstjänster. Gud besöker endast de hjärtan vars altare renats med hängivenhetens tårar och lysts upp av kärlekens levande ljus."

❖ ❖ ❖

En lärjunge var ledsen över att andra tycktes göra större andliga framsteg än han själv. Master sa:

"Du iakttar det stora serveringsfatet istället för din egen tallrik och tänker på vad du inte fått, istället för på vad som har givits dig."

❖ ❖ ❖

Master sa ofta om sin stora familj av sanningssökare:

"Den Gudomliga Modern har sänt mig alla dessa själar så att jag får dricka Hennes kärleks nektar från bägare av många hjärtan."

❖ ❖ ❖

En viss lärjunge, angelägen om spridandet av Guruns budskap, brukade jubla när deltagarantalet var särskilt högt i Self-Realizations Hollywood Temple. Men Paramahansaji sa:

"En affärsinnehavare lägger noga märke till hur många människor som besöker hans affär. Jag tänker aldrig så om vårt tempel. Jag tycker om 'skaror av själar' som jag ofta säger, men min vänskap ges förbehållslöst till alla - vare sig de kommer hit eller inte."

❖ ❖ ❖

Till en modfälld lärjunge sa Master:

"Var inte negativ. Säg aldrig att du inte gör framsteg. När du tänker: 'Jag kan inte finna Gud' har du själv fastställt det domslutet. Ingen annan håller Gud borta ifrån dig."

❖ ❖ ❖

"Master, vilken bön ska jag använda för att på snabbast möjliga sätt dra till mig den Älskade Gudomliga?" undrade en hinduisk lärjunge. Paramahansaji svarade:

"Ge Gud de mest värdefulla bönerna från djupet av ditt eget hjärtas skattkammare."

❖ ❖ ❖

Master som alltid var generös och ideligen gav bort det han fått, sa en gång: "Jag tror inte på välgörenhet." När han såg förvåningen i sina lärjungars ansikten tillade han:

"Välgörenhet förslavar människor. Att dela sin visdom med andra så att de kan hjälpa sig själva, är större än någon materiell gåva."

❖ ❖ ❖

"En dålig vana kan snabbt förändras", sa Master till en lärjunge som sökte hans hjälp.

"En vana är resultatet av sinnets koncentration. Du har tänkt i en viss bana. För att skapa en ny och god vana, fokusera sinnet i motsatt riktning."

❖ ❖ ❖

"När ni lärt er att vara lyckliga i *nuet,* har ni funnit den rätta vägen till Gud", sa Master till en grupp lärjungar.

"I så fall lever väldigt få människor i nuet", anmärkte en elev.

"Så sant", svarade Paramahansaji. "De flesta lever i

tankar som kretsar kring det förflutna eller framtiden."

❖ ❖ ❖

Till en elev som upplevt många besvikelser och började tappa tron på Gud, sa Master:
"När den Gudomliga Modern driver på dig som hårdast, är tiden inne att enträget hänga fast i Hennes kjol."

❖ ❖ ❖

Apropå det fördärvliga med skvaller, sa Master till en grupp lärjungar:
"Min guru Sri Yukteswar brukade säga: 'Om det inte är något jag kan berätta för alla, vill jag inte höra det.'"

❖ ❖ ❖

"Herren skapade både människan och *maya*", sa Master. "Villfarelsens tillstånd - ilska, girighet, själviskhet och så vidare - är Hans påfund, inte vårt. Han är ansvarig för planeringen av prövningarna på livets hinderbana.
"Ett framstående indiskt helgon brukade be så här: 'Himmelske Fader, jag bad inte om att bli skapad. Men

111

eftersom Du nu har skapat mig, var snäll och befria mig i Din Ande.' Om du kärleksfullt vänder dig till Gud på det här sättet, måste Han ta dig Hem."

❖ ❖ ❖

"Låt dig inte imponeras av beröm från bekanta som egentligen inte känner dig", sa Master. "Sök hellre sanna vänners åsikter – de som hjälper dig att utvecklas genom att aldrig smickra eller överse med dina fel och brister. Det är Gud som vägleder dig genom sanna vänners uppriktighet."

❖ ❖ ❖

Två elever kom tillsammans till Mt. Washington Center för att få undervisning. De andra lärjungarna kände stor respekt för nykomlingarna, vilka dock kort därpå lämnade Centret. Master sa till de boende på ashramet:

"Ni imponerades av deras handlingar, men jag iakttog deras tankar. Inombords löpte de amok, även om de utåt sett följde alla regler. Gott uppförande varar inte länge om man inte vidtar lämpliga metoder för att rena sinnet."

❖ ❖ ❖

En man var djupt fängslad av Paramahansaji men vägrade följa hans råd. Master sa:

"Jag kan inte vara missnöjd med honom. För även om han begår många misstag så längtar hans hjärta efter Gud. Om han tillät mig skulle jag snabbt kunna leda honom till vårt Gudomliga Hem. Likväl, i sinom tid kommer han dit. Han är som en Cadillac som fastnat i gyttjan."

❖ ❖ ❖

Till en missnöjd elev, sa Master:

"Sluta tvivla, annars kommer Gud plocka bort dig från ashramet. Så många kommer hit bara för att uppleva mirakel. Men mästare visar inte upp sina gudagivna krafter om inte Han befaller dem att göra det. De flesta människor förstår inte att det största miraklet av alla skulle vara omvandlingen av deras liv genom en ödmjuk anpassning till Hans vilja."

❖ ❖ ❖

"Gud sände er hit av en anledning", sa Master. "Agerar ni i harmoni med det syftet? Ni kom till jorden för att utföra ett gudomligt uppdrag. Inse hur otroligt viktigt det är! Låt inte det inskränkta egot hindra er från att uppnå ett oändligt mål."

❖ ❖ ❖

En lärjunge ursäktade sin brist på andliga framsteg med förklaringen att han hade svårt att övervinna sina fel.

Intuitivt anade Paramahansaji att det fanns en djupare orsak och sa:

"Herren bryr Sig inte om dina fel. Det är din likgiltighet som bekymrar Honom."

❖ ❖ ❖

När Master, år 1923, skulle lämna Boston och påbörja en landsomfattande föredragsturné för att sprida Self-Realization Fellowships läror, sa en av hans elever:

"Sir, jag kommer att känna mig hjälplös utan er andliga vägledning." Master svarade:

"Förlita dig inte på mig. Förlita dig på Gud."

❖ ❖ ❖

Till några av ashramets lärjungar, som ofta under

veckosluten besökte gamla vänner, sa Master:

"Ni blir rastlösa och slösar bort er tid. Ni kom hit för att förverkliga Gud och nu bedrar ni er själva genom att glömma bort ert mål. Varför söka förströelse i det yttre? Upptäck Herren och inse vad ni saknat!"

❖ ❖ ❖

Två av ashramets unga lärjungar sågs ofta i varandras sällskap. Till dem sa Master:

"Det är begränsande att fästa sig vid endast en eller ett par personer och utesluta alla andra. En sådan inställning hämmar utvecklingen av universell sympati. Ni bör utöka gränserna för er tillgivenhet. Sprid er kärlek överallt, till Guden i hela skapelsen."

❖ ❖ ❖

Under en kvällspromenad med en grupp lärjungar, tittade Master upp på stjärnorna och sa:

"Var och en av er består av många små stjärnor - atomstjärnor! Om er livskraft lösgjordes från egot skulle ni bli medvetna om hela universum. När framstående lärjungar dör, känner de sitt medvetande spridas över den oändliga rymden. Det är en vacker upplevelse."

❖ ❖ ❖

Till församlingen i Self-Realization Temple i San Diego, sa Master:

"Låt kyrkan påminna om er egen inre katedral, dit ni bör gå i nattens stillhet och i gryningen. Där kan ni lyssna till den mäktiga orgelmusikens *Aum* och i denna höra predikan av gudomlig visdom."

❖ ❖ ❖

En kväll när han satt och pratade med lärjungarna, sa Master:

"Ägodelar betyder ingenting för mig, men däremot vänskap. I sann vänskap får man en glimt av Vännen bland alla vänner." Efter en paus fortsatte han: "Var aldrig falsk mot en vän eller förråd någon. Att göra så är en av de största synderna inför den Gudomliga Domstolen."

❖ ❖ ❖

Paramahansaji var på väg från Mt. Washington Center för att hålla en föreläsning. Han stannade till några minuter för att prata med en av lärjungarna:

"Det är en god idé att föra en mental dagbok. Varje

kväll innan du går och lägger dig, sitt en kort stund och se tillbaka på dagen. Iakttag vem du håller på att bli. Gillar du utvecklingen i ditt liv? Om inte, ändra den."

❖ ❖ ❖

Master hade fått en TV. Den placerades i ett rum så att alla lärjungar kunde utnyttja den. De började gå dit så ofta att Master sa till dem:

"Så länge ni inte har funnit Gud, är det bäst att inte vara intresserad av underhållning. Att söka förströelse betyder att glömma Honom. Lär er först att älska Gud och känna Honom. Därefter spelar det ingen roll vad ni gör för Han kommer aldrig att lämna era tankar."

❖ ❖ ❖

"Att överdrivet ägna sig åt sinnenas lockelser skapar en känsla av övermättnad och avsmak", sa Master. "Dessa ständigt tudelade upplevelser gör människan retlig och opålitlig. *Maya*, eller villfarelsens tillstånd, karakteriseras av motsatspar. Genom meditation på Gud, den Enda Enheten, fördriver lärjungen de växelvisa vågorna av njutning och smärta från sitt medvetande."

❖ ❖ ❖

117

"Master, när jag blivit äldre och sett mer av livet, ska jag försaka allt och söka Gud. Just nu är det alltför mycket jag vill lära känna och uppleva", sa en elev.

Efter att eleven lämnat ashramet, anmärkte Paramahansaji:

"Han tror fortfarande att sex är kärlek och prylar är rikedom. Han kommer att bli som mannen vars fru övergivit honom och hus brunnit ner. När mannen reflekterade över sin förlust, bestämde han sig för att 'ge upp allt'. Herren är inte särskilt imponerad av sådan försakelse. Eleven som just övergivit sin andliga träning här, kommer inte att vara beredd att försaka allt förrän han inte har något materiellt kvar att försaka!"

❖ ❖ ❖

"Det verkar inte särskilt praktiskt att tänka på Gud hela tiden", anmärkte en besökare. Master svarade:

"Världen håller med dig, och är världen en lycklig plats? Sann glädje gäckar den människa som överger Gud eftersom det är Han som är själva Lycksaligheten. Här på jorden lever Hans lärjungar i en känsla av inre, himmelsk frid medan de som glömt honom tillbringar sina liv i ett självskapat Hades av osäkerhet och besvikelse. Att 'bli vän' med Gud är att vara verkligt praktisk!"

❖ ❖ ❖

Paramahansaji bad en viss lärjunge att göra ett arbete vid ett Self-Realization retreat i öknen. Lärjungen reste motvilligt iväg, orolig för de åtaganden han lämnat efter sig på Mt. Washington Center.

"Ditt nya arbete i ökenretreatet ska vara din enda angelägenhet nu", sa Master till honom. "Känn dig inte bunden av någonting. Acceptera förändringar med jämnmod och utför, i en anda av gudomlig frihet, alla plikter som kommer i din väg.

"Om Gud idag skulle säga till mig: *Kom hem!* skulle jag utan att se tillbaka, lämna alla mina förpliktelser här – organisation, byggnader, planer, människor – och skynda mig att hörsamma Honom. Att styra världen är Hans ansvar. Det är Han som är Utföraren, inte du eller jag."[45]

❖ ❖ ❖

"Guruji", frågade en lärjunge, "om ni kunde vrida tillbaka tiden till då er Guru bad er ta er an organisatoriskt

[45] Se *ego* i ordlistan.

arbete, skulle ni då tacka ja? När ni idag vet vilken bör-
da det är att ta ansvar för så många människor." Master
svarade:

"Ja, sådant arbete lär ut osjälviskhet."

❖ ❖ ❖

Paramahansaji fick ofta den urgamla frågan om
varför Gud tillåter lidande. Tålmodigt brukade han
förklara:

"Lidande beror på missbruk av den fria viljan. Gud
har givit oss makten att acceptera eller avvisa Honom.
Han vill inte att vi ska drabbas av lidande, men kommer
heller inte att ingripa när vi väljer handlingar som leder
till elände.

"Människor uppmärksammar inte helgonens vis-
dom, men förväntar sig att ovanliga omständigheter el-
ler mirakler ska rädda dem när de får problem. Herren
kan göra vad som helst, men Han vet att människans
kärlek och korrekta uppförande inte kan köpas med
mirakler.

"Gud har sänt ut oss som Sina barn, och i denna
gudomliga roll måste vi återvända till Honom. Den
enda vägen till återförening är genom användandet av
er egen vilja. Ingen annan makt på jorden eller i himlen

kan göra det åt er. Men när ni ropar med hela er själ, sänder Gud en guru som leder er från vildmarkens lidande till Hans hem av evig glädje.

"Herren har givit er fri vilja och kan därmed inte agera som diktator. Även om Han är Allsmäktig Kraft, befriar Han er inte från lidande när ni själva valt 'de onda handlingarnas väg'. Är det rätt att förvänta sig att Han ska lyfta era bördor när era tankar och handlingar strider mot Hans lagar? I efterlevandet av Hans etiska regler som de Han gav i de tio budorden, ligger lyckans hemlighet."

◆ ◆ ◆

Paramahansaji varnade ofta sina lärjungar för faran med andlig lättja. "Minuterna är viktigare än åren", brukade han säga. "Om ni inte fyller minuterna i era liv med tankar på Gud, kommer åren att gå - och när ni behöver Honom som mest förmår ni kanske inte känna Hans närvaro. Men om ni fyller livets minuter med gudomligt strävande, kommer åren automatiskt att vara genomsyrade av dem."

◆ ◆ ◆

I det forntida Indien användes termen *guru* endast

om Kristuslika mästare som kunde överföra gudomligt förverkligande till sina lärjungar. Som skrifterna föreskrev gjorde sig lärjungarna andligt mottagliga genom att blint följa den helige lärarens träning. Ibland motsatte sig västerlänningar sådan frivillig underkastelse till en annans vilja, men Master sa:

"När man väl hittat sin guru ska man hysa villkorslös hängivenhet till denne, för han är Guds ombud. Gurus enda syfte är att leda lärjungen till förverkligandet av Självet. Den kärlek som gurun får från en lärjunge skänker han till Gud. När en andlig lärare finner att en elev är intonad med honom, kan han undervisa denne snabbare än vad han kan med en elev som gör motstånd.

"Jag är inte er ledare utan er tjänare. Jag är som dammet vid era fötter. Jag ser Gud representerad i er och jag bugar inför er alla. Jag vill bara berätta om den stora glädje jag känner i Honom. Jag har inga personliga ambitioner, men jag har den största ambitionen att dela min andliga glädje med jordens alla folk."

◆ ◆ ◆

I ett tal till de boende på ashramet sa Sri Yogananda: "I det andliga livet blir man som ett litet barn – utan förbittring, utan bindningar, fylld av liv och glädje. Låt ingenting såra eller störa er. Var stilla inombords, mottaglig för den Gudomliga Rösten. Tillbringa er lediga tid i meditation.

"Jag har aldrig upplevt ett världsligt nöje så underbart som den andliga glädjen i *Kriya Yoga*. Jag skulle inte byta den mot alla Västerlandets bekvämligheter eller all världens guld. Genom *Kriya Yoga* har jag funnit det möjligt att alltid bära min lycka med mig."

❖ ❖ ❖

Master målade många oförglömliga ordbilder för att illustrera en andlig poäng. "Så här ter sig livet", påpekade han en gång. "Ni har förberett en middags-picknick. Plötsligt kommer en björn och välter bordet och ni tvingas springa iväg. Precis så lever människorna sina liv: De arbetar för att få lite glädje och säkerhet. Därefter kommer sjukdomarnas björn, deras hjärtan stannar och så är de borta.

"Varför leva i ett sådant tillstånd av osäkerhet? Oviktiga saker har intagit förstaplatsen i era liv. Ni låter diverse aktiviteter uppta er tid och förslava er. Hur många år har förflutit på detta sätt? Varför låta återstoden av livet glida förbi utan andliga framsteg? Om du idag bestämmer dig för att inte låta svårigheter hindra dig, kommer du få styrkan att övervinna dem."

❖ ❖ ❖

"En lat människa finner aldrig Gud", sa Master. "Ett overksamt sinne blir djävulens verkstad. Jag har sett många *sannyasis* [munkar] som försakat arbete och inte blivit annat än simpla tiggare. Men personer som arbetar för sitt uppehälle utan någon önskan om att få skörda frukterna, med en längtan efter Gud allena - de är sanna försakare. Det är mycket svårt att praktisera en sådan osjälviskhet, men när du älskar Gud så mycket att allt du gör är för att behaga Honom, är du fri.

"Genom att tänka: 'Jag arbetar endast för Gud', blir din kärlek så stor att du inte har några andra tankar, inget annat mål, förutom att tjäna och tillbe Honom."

❖ ❖ ❖

"Betrakta Guds altare i stjärnorna, under jordytan och bakom era pulserande känslor", sa Master."Han, den försummade Verkligheten, finns gömd överallt. Om ni orubbligt följer vägen och mediterar regelbundet kommer ni att se Honom i en gyllene mantel av ljus som sprider sig ut igenom evigheten. Bakom varje

124

tanke kommer ni att känna Hans lycksaliga närvaro.

"Gud är inte till för att bara pratas om. Många har uttalat sig om Honom. Många har undrat över Honom. Många har läst om Honom. Men få har smakat Hans glädje. Endast dessa få känner Honom. Och när ni känner Honom kommer ni inte längre stå vid sidan av och dyrka Honom - ni blir ett med Honom. Då kan också ni, liksom Jesus och alla andra mästare, säga: 'Jag och min Fader är ett.'"

♦ ♦ ♦

Master sa: "Genom att dyka djupt genom ert andliga öga[46] kan ni se in i den fjärde dimensionen[47] - glödande av den inre världens under. Det är svårt att komma dit, men så vackert det är!

"Nöj er inte med en liten känsla av lugn som fötts ur meditation, utan hungra om och om igen efter Hans lycksalighet. Dag och natt, medan andra sover eller spenderar sin energi på att mätta sina begär, ska ni viska: 'Min Gud, min Gud, min Gud!' Och när tiden är inne spränger han igenom mörkret och ni kommer att

---

[46] Se ordlista.
[47] Se *astrala världar* i ordlistan.

känna Honom. Den här världen är en ful plats jämfört med den ljuvliga Andevärlden. Avlägsna hindren för gudomlig insikt genom beslutsamhet, hängivenhet och förtröstan."

◆ ◆ ◆

"I juletid finns starka vibrationer av Kristus-medvetande i luften", sa Master. "De som genom hän-givenhet och vetenskaplig djup meditation är intonade, kommer att ta emot dessa gudomliga vibrationer. Det är av största andliga betydelse att varje människa, oav-sett religion, får uppleva 'födelsen' av den universella Kristus.

"Kosmos är hans kropp. Överallt närvarande inom detta kosmos existerar Kristusmedvetandet. När ni kan sluta ögonen och genom meditation utvidga ert med-vetande tills ni känner hela universum som er egen kropp, då har Kristus blivit född inom er. Alla moln av ignorans kommer att skingras när ni, bakom de slutna ögonens mörker, skådar det gudomliga kosmiska ljuset.

"Kristus ska vördas i sanning. Först i ande, genom meditation, och sedan i form, genom att förnimma hans närvaro även i den materiella världen. Ni bör medite-ra på den verkliga innebörden av Kristi återkomst och känna hur hans medvetande, genom hängivenhetens magnet, dras in i er själva. Detta är julens verkliga syfte."

❖ ❖ ❖

Balans är ett nyckelord i Paramahansajis läror: "Om ni utövar djup meditation kommer ert medvetande alltmer intensivt att vända sig mot Gud", sa han. "Likväl ska ni inte försumma era världsliga plikter. Allteftersom ni lär er att med lugnt sinne utföra alla era uppgifter, kommer ni att genomföra dem snabbare, effektivare och med större koncentration. Ni ska då upptäcka att oavsett vad ni gör kommer era aktiviteter genomsyras av gudomligt medvetande. Detta tillstånd uppstår endast efter att ni praktiserat djup meditation och disciplinerat sinnet att återvända till Gud så fort ni uträttat era plikter - samt genom att göra dem med avsikten att tjäna endast Honom."

❖ ❖ ❖

"Ånger innebär inte endast att vara ledsen över ett begånget misstag, utan också att avstå från att upprepa samma beteende igen", sa Master. "När ni uppriktigt ångrar er, bestämmer ni er för att överge ondskan.

127

Hjärtat är oftast väldigt hårt, det påverkas inte så lätt. Mjuka upp det med bön. Då kommer gudomlig välsignelse."

❖ ❖ ❖

"Låt er vägledas av visdom", sa Master. "Felaktiga handlingar från det förflutna har efterlämnat frön i era sinnen. Om ni genom visdom sätter eld på dessa frön blir de 'rostade' eller verkningslösa. Ni kan inte uppnå frigörelse förrän ni bränt alla frön från tidigare handlingar i visdomens och meditationens eldar. Vill ni förstöra de negativa verkningarna av tidigare handlingar - meditera. Det ni gjort kan ni också göra ogjort. Om ni trots prövningar inte växer andligt, måste ni försöka om och om igen. När era nuvarande ansträngningar är starkare än karmat från era tidigare handlingar, är ni fria."

❖ ❖ ❖

Vid en föreläsning sa Paramahansaji: "Kristus lärde oss att 'älska din nästa såsom dig själv.' Men utan vetskap om själen, med vilken man inser att alla människor verkligen är 'dig själv', kan man inte följa Kristi bud. För mig är det ingen skillnad mellan människor, jag upplever varenda en som Guds barn. Jag kan inte tänka på någon som en främling.

"En gång i New York City blev jag omringad av tre rånare. Jag sa: 'Vill ni ha pengar? Ta dem', och höll fram plånboken. Jag befann mig i ett supermedvetet tillstånd. Männen sträckte sig inte efter plånboken. Till slut sa en av dem:

"'Ursäkta. Vi kan inte göra det.' De sprang iväg.

"En annan kväll i New York, nära Carnegie Hall där jag just hållit en föreläsning, närmade sig en man med en revolver. Han sa:

"'Fattar du att jag kan skjuta dig?'

"'Varför det?' frågade jag lugnt. Mitt sinne var med Gud.

"'Du talar om demokrati.' Han var uppenbarligen en mentalt störd människa. Vi stod i tystnad en stund och sedan sa han:

"'Förlåt mig. Du har tagit bort ondskan i mig.' Han sprang nedför gatan, lika snabbt som en hjort.

"De som är intonade med Gud kan förändra människors hjärtan."

◆ ◆ ◆

"Den som påstår att världen är en dröm, utan att först genom meditation försöka uppnå verklig insikt om

129

denna sanning, kan förledas till fanatism", sa Master.
"Den vise förstår att även om det jordiska livet är en
dröm, så innehåller det dröm-smärtor. Han använ-
der sig av vetenskapliga metoder för att vakna upp ur
drömmen."

❖ ❖ ❖

När kapellet vid Self-Realization Fellowships hu-
vudkontor renoverades föreslog en lärjunge att man i
en nisch borde placera en helig lampa, även kallad ett
"evigt ljus", vilken skulle tändas av Paramahansaji.

Master sa: "Jag skulle vilja känna att den lampa av
hängivenhet till Gud som jag tänt i era hjärtan är evig.
Inget annat ljus är nödvändigt."

❖ ❖ ❖

Under 1951 antydde Paramahansaji ofta att hans
återstående dagar på jorden var räknade.

En bedrövad lärjunge frågade: "Sir, när vi inte läng-
re kan se er, kommer ni då att vara lika nära som nu?"

Master log kärleksfullt och sa:

"För dem som tänker på mig som nära, kommer jag
att vara nära."

OM FÖRFATTAREN

"Det andliga idealet - kärlek till Gud och service till mänskligheten - fann fullt uttryck i Paramahansa Yoganandas liv... Även om han levde större delen av sitt liv utanför Indien, tar han ändå plats bland våra stora helgon. Hans arbete fortsätter att växa och lysa allt klarare och drar människor från hela världen till den Andliga pilgrimsvägen."

Med dessa ord, vid utfärdandet av ett minnesfrimärke till hans ära den 7 mars 1977 - den tjugofemte årsdagen av hans bortgång, hyllade Indiens regering Self-Realization Fellowship/Yogoda Satsanga Society of India's grundare.

Paramahansa Yogananda kom till Förenta Staterna år 1920, som Indiens delegat i en Internationell Kongress för Religiösa Liberaler. År 1925 etablerade han Self-Realization Fellowships Internationella Huvudkontor i Los Angeles. Därifrån görs de tryckta *Self-Realization Fellowship Lektionerna* - med vetenskapen om Kriya Yoga meditation och om konsten att leva ett andligt liv - tillgängliga för studenter över hela världen. Tyngdpunkten i dessa läror ligger i att skapa en

132

balanserad utveckling av kropp, sinne och själ. Målet är direkt, personlig upplevelse av Gud.

"Paramahansa Yogananda förde till västerlandet, inte bara Indiens eviga löfte om förverkligandet av Gud, utan även praktiska metoder med vilka andliga aspiranter från alla samhällsskikt snabbt kan utvecklas mot detta mål," skrev Quincy Howe Jr, professor i forntida språk, Scripps Collage. "Ursprungligen värdesatt i Väst endast på den allra högsta och mest abstrakta nivån, är nu Indiens andliga arv praktiskt och upplevelsemässigt tillgängligt för alla som strävar efter att lära känna Gud - inte efter detta liv, utan här och nu... Yogananda har, inom räckhåll för alla, placerat de mest upphöjda metoderna för kontemplation."

Det andliga och humanitära arbete som startades av Paramahansa Yogananda, fortsätter idag under ledning av Brother Chidananda - president av Self-Realization Fellowship/Yogoda Satsanga Society of India. Sri Yoganandas liv och undervisning beskrivs i hans bok, *En Yogis Självbiografi.*

En prisbelönt dokumentärfilm om Paramahansa Yoganandas liv och arbete, *Awake: The Life of Yogananda,* kom ut i oktober 2014.

PARAMAHANSA YOGANANDA:
EN YOGI I LIVET OCH I DÖDEN

Paramahansa Yogananda gick in i *mahasamadhi* (en yogis slutgiltiga och medvetna utträde ur kroppen) i Los Angeles, Kalifornien, den 7:e mars 1952, efter att han avslutat sitt tal vid en bankett tillägnad Indiens ambassadör H.E. Binay R. Sen.

Den store världsläraren uppvisade värdet av yoga (vetenskapliga tekniker för förverkligandet av Gud) inte bara i livet utan även i döden. Veckor efter hans bortgång lyste hans oförändrade ansikte med evighetens gudomliga skimmer.

Mr. Harry T. Rowe, begravningsdirektör vid Forest Lawn Memorial-Park i Los Angeles (där den store mästarens kropp tillfälligt placerats) skickade ett bevittnat brev till Self-Realization Fellowship ur vilka följande delar är tagna:

"Den totala avsaknaden av synliga tecken på förfall av Paramahansa Yoganandas döda kropp, är det mest extraordinära fall vi någonsin upplevt... Ännu tjugo dagar efter hans död visade kroppen inga synliga tecken på sönderfall... Ingen indikation på mögel och ingen synlig uttorkning förekom i huden eller kroppsvävnaderna. Detta tillstånd av perfekt bevarad kropp är, vad vi kan finna i våra begravningsarkiv, helt utan motstycke... När begravningspersonalen mottog Yoganandas kropp förväntade de sig att, genom glaslocket på kistan, se den vanliga stegvisa nedbrytningen. Vår förvåning växte alleftersom dagarna gick utan att någon synlig förändring av kroppen skedde. Yoganandas kropp var uppenbarligen i ett förbluffande tillstånd av oföränderlighet...

Inte vid något tillfälle kunde lukten av kroppens nedbrytning erfaras... Yoganandas fysiska utseende den 27:e mars, strax innan bronslocket lades till rätta på kistan, var detsamma som den 7:e mars. Han såg den 27:e mars, lika fräsch och opåverkad ut som på kvällen för hans död. Den 27:e mars kunde man inte hävda att hans kropp uppvisade några som helst tecken på fysiskt sönderfall. Av dessa anledningar kan vi ännu en gång konstatera att enligt vår erfarenhet är fallet med Paramahansa Yogananda unikt."

YTTERLIGARE INFORMATION OM PARAMAHANSA YOGANANDAS UNDERVISNING I KRIYA YOGA

Self-Realization Fellowship är en organisation dedikerad till att bistå sökare över hela världen. För mer information beträffande vår årliga serie av offentliga föredrag och kurser, meditationer och inspirerande gudstjänster i våra tempel och center runt om i världen, schema för retreater och andra aktiviteter - vänligen besök vår hemsida eller vårt Internationella Huvudkontor:

www.yogananda.org

Self-Realization Fellowship
3880 San Rafael Avenue
Los Angeles, CA 90065-3219
+1 (323) 225-2471

SELF-REALIZATION FELLOWSHIPS LEKTIONER

Paramahansa Yoganandas personliga vägledning och instruktioner till yogateknikerna för meditation, samt principerna för ett andligt liv.

Om du känner dig dragen till den andliga sanning som beskrivs i *Ord på vägen av Paramahansa Yogananda,* är du välkommen att registrera dig för *Self-Realization Fellowships Lektioner.*

Paramahansa Yogananda startade denna serie av hemstudier med avsikt att ge uppriktiga sökare möjlighet att lära sig och praktisera de forntida yoga-tekniker för meditation som han förde med sig till väst, inklusive vetenskapen om Kriya Yoga. *Lektionerna* presenterar också hans praktiska vägledning till hur man uppnår ett balanserat fysiskt, mentalt och andligt välbefinnande.

Self-Realization Fellowships Lektioner är tillgängliga för en symbolisk summa som täcker tryck- och fraktkostnader. Alla studenter ges, av Self-Realization Fellowships munkar och nunnor, kostnadsfri personlig vägledning i sin utövning.

För mer information.

Vänligen besök www.srflessons.org för att beställa ett omfattande kostnadsfritt informationspaket.

SELF-REALIZATION FELLOWSHIPS MÅL OCH IDEAL

Som de formulerats av Paramahansa Yogananda,
grundare
Brother Chidananda, ordförande

Att bland nationerna i världen sprida kunskap om bestämda vetenskapliga tekniker för att få en direkt, personlig upplevelse av Gud.

Att lära ut att livets mening är utvecklandet - genom egen ansträngning - av människans begränsade, jordiska medvetande till Gudsmedvetande. Och att för detta ändamål upprätta Self-Realization Fellowship tempel för Gudsgemenskap, samt att uppmuntra etablerandet av enskilda Gudstempel i hemmen och i människors hjärtan.

Att uppenbara den fullkomliga harmonin och grundläggande enheten mellan den ursprungliga kristendomen som den lärdes ut av Jesus Kristus, och den ursprungliga yogan som den lärdes ut av Bhagavan Krishna - och samtidigt visa att dessa sanningens principer utgör den gemensamma, vetenskapliga ryggraden i alla sanna religioner.

Att peka ut den gudomliga huvudled till vilken alla

stigar av sanna, religiösa övertygelser i sinom tid går
- motorvägen av daglig, vetenskaplig, hängiven meditation på Gud.

Att befria människan från hennes trefaldiga lidande: kroppslig sjukdom, mental disharmoni och andlig okunskap.

Att uppmuntra "enkelt leverne och högt tänkande", samt sprida en anda av broderskap mellan alla folk genom att lära ut den eviga grunden för deras enhet - släktskap med Gud.

Att påvisa sinnets suveränitet över kroppen och själens över sinnets.

Att övervinna ondska med godhet, sorg med glädje, grymhet med vänlighet, okunskap med vishet.

Att förena vetenskap och religion genom förverkligandet av enheten i deras underliggande principer.

Att förespråka kulturell och andlig förståelse mellan öst och väst, samt att stödja utbytet av deras finaste utmärkande egenskaper.

Att tjäna mänskligheten som ens större Jag.

ENGELSKA BÖCKER AV
PARAMAHANSA YOGANANDA

Autobiography of a Yogi

Autobiography of a Yogi
(ljudbok, inläst av Sir Ben Kingsley)

God Talks With Arjuna: The Bhagavad Gita
— A New Translation and Commentary

The Second Coming of Christ:
The Resurrection of the Christ Within You
— A Revelatory Commentary on the Original
Teachings of Jesus

The Yoga of the Bhagavad Gita

The Yoga of Jesus

The Collected Talks and Essays

Volume I: **Man's Eternal Quest**
Volume II: **The Divine Romance**
Volume III: **Journey to Self-realization**
Volume IV: **Solving the Mystery of Life**

Wine of the Mystic:
The Rubaiyat of Omar Khayyam
— A Spiritual Interpretation

141

The Science of Religion

Whispers from Eternity

Songs of the Soul

Sayings of Paramahansa Yogananda

Scientific Healing Affirmations

Where There Is Light:
Insight and Inspiration for Meeting Life's Challenges

In the Sanctuary of the Soul:
A Guide to Effective Prayer

Inner Peace:
How to Be Calmly Active and Actively Calm

Living Fearlessly:
Bringing Out Your Inner Soul Strength

How You Can Talk With God

Metaphysical Meditations

The Law of Success

To Be Victorious in Life

Why God Permits Evil and How to Rise Above It

Cosmic Chants

LJUDINSPELNINGAR MED PARAMAHANSA YOGANANDA

Beholding the One in All

The Great Light of God

Songs of My Heart

To Make Heaven on Earth

Removing All Sorrow and Suffering

Follow the Path of Christ, Krishna, and the Masters

Awake in the Cosmic Dream

Be a Smile Millionaire

One Life Versus Reincarnation

In the Glory of the Spirit

Self-Realization: The Inner and the Outer Path

ÖVRIGA PUBLIKATIONER FRÅN
SELF-REALIZATION FELLOWSHIP

The Holy Science
—Swami Sri Yukteswar

Only Love:
Living the Spiritual Life in a Changing World
—Sri Daya Mata

Finding the Joy Within You:
Personal Counsel for God-Centered Living
—Sri Daya Mata

Intuition:
Soul Guidance for Life's Decisions
—Sri Daya Mata

God Alone:
The Life and Letters of a Saint
—Sri Gyanamata

"Mejda":
The Family and the Early Life
of Paramahansa Yogananda
—Sananda Lal Ghosh

Self-Realization
(ett tidningsmagasin grundat av
Paramahansa Yogananda år 1925)

DVD Video
Awake: The Life of Yogananda
En film av CounterPoint Films

En komplett katalog innehållande böcker och ljud/vi-
deoinspelningar, inklusive sällsynta arkivinspelningar
med Paramahansa Yogananda, finns tillgängliga hos
www.srfbooks.org.

SELF-REALIZATION FELLOWSHIP
3880 San Rafael Avenue
Los Angeles, CA 90065-3219
Phone +1 (323) 225-2471 • Fax +1 (323) 225-5088
www.yogananda.org

ORDLISTA

andliga ögat: Visdomens "enda" öga, pranas stjärnformade dörr genom vilken människan måste passera för att uppnå kosmiskt medvetande. Metoden för att träda in genom den heliga dörren lärs ut till medlemmar av Self-Realization Fellowship.

"Jag är dörren. Den som går in genom mig skall bli räddad. Han skall gå in och han skall gå ut och han skall finna bete" (Johannes 10:9). "När ditt öga är friskt, då är också hela din kropp full av ljus.... Se därför till att ljuset som du har inom dig icke är mörker" (Lukas 11:34-35).

andning: "Andningen förbinder oss med skapelsen", skrev Yoganandaji. "De oräkneliga kosmiska strömmar som genom andningen flödar in i människan, orsakar rastlöshet i sinnet. För att undkomma detta oupphörliga flöde från fenomenvärlden och istället träda in i Andens oändlighet lär sig yogin att, genom vetenskaplig meditation, stilla andningen."

astrala världar: De vackra världarna av ljus och glädje till vilka människor med ett visst mått av andlig förståelse kommer, för att utvecklas vidare efter döden. Ännu högre är den kausala eller idémässiga sfären. Dessa världar beskrivs i kapitel 43 i *En Yogis Självbiografi*.

Aum eller Om: Grunden för alla ljud, universellt symbolord för Gud. *Aum* från Vedaskrifterna (se *Vedaskrifterna*) blev tibetanernas heliga ord *Hum*, muslimernas *Amin* samt egyptiernas, grekernas, romarnas, judarnas och de kristnas *Amen*. *Amen* på hebreiska betyder *verklig, trovärdig*. *Aum* är det ljud från den Helige Ande (Osynlig Kosmisk Vibration - Gud i Sin aspekt som Skapare) som genomsyrar allt. Bibelns "Ordet" - skapelsens röst - som vittnar om den

146

Gudomliga Närvaron i varje atom. *Aum* kan höras genom prak-
tiserandet av Self-Realization Fellowships meditationsmetoder.

"Så säger Han som är Amen, det trovärdiga och sanna vittnet,
början till Guds skapelse" (Uppenbarelseboken 3:14). "I begynnel-
sen var Ordet, och Ordet var hos Gud, och Ordet var Gud... Allt
blev till genom det, och utan det blev ingenting till av allt som
finns till" (Johannes 1:1-3).

Babaji: Guru till Lahiri Mahasaya (Swami Sri Yukteswars guru, som i
sin tur var guru till Paramahansa Yogananda). Babaji är en odödlig
avatar som lever i hemlighet i Himalaya. Hans titel är *Mahavatar*
eller "Gudomlig Inkarnation". Glimtar ur hans Kristuslika liv åter-
ges i Paramahansa Yoganandas bok *En Yogis Självbiografi.*

Bhagavad Gita ("Herrens sång"): Den hinduiska bibeln - heliga ord
av Lord Krishna sammanställda för årtusenden sedan av den vise
Vyasa (se *Krishna).*

ego: Ego-principen, *ahamkara* (bokstavligt "jag gör") är grundorsaken
till dualismen eller den skenbara separationen mellan människan
och hennes Skapare. *Ahamkara* ställer människor under *mayas* (se
maya) inflytande genom vilket subjektet (egot) felaktigt framställs
som objekt, det vill säga de levande varelserna får för sig att de
är skapare.

Genom att utplåna ego-medvetandet vaknar människan upp till
sin gudomliga identitet - hennes enhet med det enda Livet, Gud.

Gudomliga Moder: "Den aspekt av det Oskapade Oändliga som
är aktiv i skapelsen, betecknas i hinduiska skrifter som den
Gudomliga Modern", skrev Paramahansaji. "Det är denna per-
sonifierade aspekt av det Absoluta som kan sägas ha en 'längtan'
efter att Hennes barn ska uppföra sig rättmätigt och som svarar
på deras böner. De som föreställer sig att det Opersonliga inte
kan manifesteras i en personlig form förnekar Dess allmakt och

därmed möjligheten för människan att umgås förtroligt med sin Skapare. Herren i form av den Kosmiska Modern framträder påtagligt levande inför sanna *bhaktas* (de som är hängivna en personlig Gud).

"Herren visar Sig inför Sina helgon i den form de håller kär. En hängiven kristen ser Jesus, en hindu skådar Krishna eller Gudinnan Kali. Eller, om dyrkan tar sig en opersonlig form, upplevs Herren som ett expanderande ljus."

guru: Den andliga vägledare som introducerar lärjungen till Gud. Termen "guru" skiljer sig från "lärare" då en människa kan ha flera lärare men endast en guru.

Helige Ande: Se *Aum*.

illusion: Se *maya*.

intuition: Det "sjätte sinnet" - uppfattande av kunskap som erfars ögonblickligen och spontant från själen, inte från sinnenas och förnuftets bristfälliga inverkan.

ji: En ändelse som betecknar respekt och ofta läggs till efter indiska namn. Paramahansa Yogananda omnämns därför i denna bok emellanåt som Paramahansaji eller Yoganandaji.

Kali: Mytologisk hinduisk gudinna, representerad som en kvinna med fyra händer. En hand symboliserar naturens skapelsekrafter, den andra representerar världsalltets upprätthållande funktioner, den tredje är en symbol för upplösningens renande krafter. Kalis fjärde hand är utsträckt i en gest av välsignelse och frälsning. På detta sätt kallar Hon hela skapelsen tillbaka till dess gudomliga Källa. Gudinnan Kali är en symbol eller en aspekt av den Gudomliga Modern (se *Gudomlig Moder*).

karma: Den balanserande lagen om karma som beskrivs i de hinduiska skrifterna handlar om aktion och reaktion, orsak och verkan, sådd och skörd. I överensstämmelse med skapelsens naturliga ordning formar varje människa, genom sina tankar och handlingar, sitt eget öde. Vilka energier, kloka eller okloka, hon än satt i rörelse måste dessa återvända till henne som sin utgångspunkt - likt en cirkel som obönhörligt sluter sig. "Världen ser ut som en matematisk ekvation som, hur man än vrider och vänder på den, balanserar sig själv. Varje hemlighet blir känd, varje brott straffat, varje dygd belönad, varje fel korrigerat, i tystnad och med absolut visshet" (Emerson, i *Compensation*). En förståelse av karma som en rättvisans lag, befriar det mänskliga sinnet från bitterhet gentemot Gud och människa *(se reinkarnation)*.

kosmiskt medvetande: Medvetandet om Anden bortom den ändliga skapelsen.

Krishna: En avatar som levde i Indien flera årtusenden före den kristna perioden och vars andliga vägledning i Bhagavad Gita (se *Bhagavad Gita*) vördas av oräkneliga sökare. Tidigt i livet var Krishna en boskapsherde som trollband sina följeslagare med sin flöjtmusik. Allegoriskt representerar han själen som spelar meditationens flöjt för att leda alla vilsekomna tankar tillbaka till allvetandets fålla.

Kristusmedvetande: Medvetandet om Anden såsom inneboende i varje atom av den vibrerande skapelsen.

Kriya Yoga: En uråldrig vetenskap som utvecklades i Indien för att användas av dem som söker Gud. Dess teknik hänvisas till och lovprisas av Krishna i Bhagavad Gita och av Patanjali i *Yoga Sutras*. Denna befriande vetenskap som leder utövaren till att uppnå kosmiskt medvetande, lärs ut till SRF-medlemmar.

Lahiri Mahasaya (1828-1895): Guru till Sri Yukteswar (se *Sri Yukteswar*) och lärjunge till Babaji (se *Babaji*). Lahiri Mahasaya väckte liv i den uråldriga, nästan förlorade vetenskapen om yoga och gav dessa praktiska tekniker namnet *Kriya Yoga*. Han var både en Kristuslik lärare med mirakulösa krafter och en familjeman med affärsförpliktelser. Hans uppdrag var att för den moderna människan göra yogan tillgänglig och anpassad, där rätt utförande av världsliga plikter balanseras med meditation. Lahiri Mahasaya var en *Yogavatar*, en "Inkarnation av Yoga".

maya: Kosmisk villfarelse, bokstavligen "den som mäter". Maya är den magiska kraften i skapelsen genom vilken begränsningar och uppdelningar är skenbart närvarande i det Omätbara och Oskiljbara.

Sri Yogananda skrev i *En Yogis Självbiografi*:

"Man skall inte tro att sanningen om *maya* uppfattades enbart av Indiens *rishis* (hinduiska helgon). Gamla Testamentets profeter kallade *maya* för Satan (på hebreiska bokstavligen 'motståndaren'). Satan eller *maya* är den Kosmiska Magikern som framställer en mångfald av former för att dölja den Enda Formlösa Sanningen. Satans enda uppgift är att avleda människan från Ande till materia. Kristus beskrev *maya* som en djävul, mördare och lögnare. 'Djävulen.... har varit en mördare från första början, och han står utanför sanningen därför att någon sanning inte finns i honom. När han ljuger, talar han med egna ord, ty han är en lögnare och lögnens fader' (Johannes 8:44)."

Mount Washington Center: Internationellt huvudkontor för Self-Realization Fellowship (Yogoda Satsanga Society of India), också känt som Mother Center, etablerat i Los Angeles år 1925 av Paramahansa Yogananda. Platsen, som utgör drygt sex hektar, är belägen på en höjd med utsikt över de centrala delarna av Los Angeles. Gurudeva Paramahansa Yoganandas rum i administrationsbyggnaden (se foto sid. 94) bevaras som en helgedom. Från detta Mother Center distribuerar Self-Realization Fellowships munkar och nunnor Paramahansajis undervisning i form av tryckta lektioner till medlemmar och publicerar hans övriga skrifter och föredrag genom otaliga böcker samt magasinet *Self-Realization*.

nirbikalpa samadhi: Det högsta eller oåterkalleliga Gudsförenande stadiet av *samadhi*. Det första eller förberedande stadiet (som karakteriseras av trance, kroppslig orörlighet) kallas *sabikalpa samadhi*.

Paramahansa: En religiös titel, betecknar en som är mästare över sig själv. Den föräras en lärjunge av dennes guru. *Paramahansa* betyder bokstavligen "den högsta svanen". I hinduiska skrifter är svanen en symbol för andlig urskiljning.

reinkarnation: Läran, förklarad i de hinduiska skrifterna, att människan föds igen och igen på denna jord. Reinkarnationens kretslopp upphör när människan medvetet återvinner sin status som Guds barn. "Den som segrar, skall jag göra till en pelare i mitt Guds tempel, och han skall aldrig mer lämna det" (Uppenbareleseboken 3:12). Förståelsen av karmalagen och dess naturliga påföljd, reinkarnationen, kan underförstås i många bibliska avsnitt.

Den tidiga kristna kyrkan godtog doktrinen om reinkarnation, vilken framlades av gnostikerna och av talrika kyrkofäder - däribland Clement av Alexandria, den berömde Origenes och 400-talets S:t Hieronymus. Teorin förklarades som kättersk år 553 e. Kr. av det andra kyrkomötet i Konstantinopel. Vid den tiden ansåg många kristna att doktrinen om reinkarnation gav människan alltför gott om tid och utrymme, vilket inte uppmuntrade henne att sträva efter omedelbar frälsning. Idag accepterar många västerländska tänkare teorierna om karma och reinkarnation och ser i dessa, de rättvisans lagar som ligger bakom livets skenbara ojämlikheter *(se karma)*.

sadhu: En som utövar en *sadhana*, en väg av andlig disciplin. En asket.

samadhi: Övermedvetande. *Samadhi* uppnås genom att följa yogans åttafaldiga väg i vilken *samadhi* är det åttonde steget, det slutgiltiga målet. Vetenskaplig meditation – rätt användning av de forntida yogatekniker som utvecklades av Indiens vise – leder lärjungen till *samadhi* eller Förverkligande av Gud. Precis som vågen upplöses i havet, förverkligar den mänskliga själen sig själv som allnärvarande Ande.

Sat-Tat-Aum: Fader, Son och Helige Ande. Fadern är Gud som transcendent eller *nirguna*, "utan egenskaper" - Kosmiskt Medvetande i det saliga tomrum som existerar bortom fenomenvärlden. Sonen är Gud som Kristusmedvetande - närvarande överallt i skapelsen. Helig Ande är Gud som Aum (se *Aum*) - den Gudomliga Skapande Vibrationen.

Self-Realization Fellowship (SRF): Den organisation Paramahansa Yogananda grundade år 1920 i USA (och år 1917 som Yogoda Satsanga Society of India) för att, till hjälp och nytta åt mänskligheten världen över, sprida de andliga principerna samt Kriya Yogans meditationstekniker (se *Kriya Yoga).* Det internationella huvudkontoret, Mother Center, ligger i Los Angeles, Kalifornien. Paramahansa Yogananda har förklarat att namnet Self-Realization Fellowship betyder: "Förverkligandet av Självets Gemenskap. Gemenskap med Gud genom Förverkligandet av Självet, samt kamratskap med alla sanningssökande själar." Se också "Self-Realization Fellowships Mål och Ideal", sidan 138.

Self-Realization Orden: Den klosterorden som grundades av Paramahansa Yogananda. Munkar och nunnor avger löften om enkelhet (att inte binda sig vid ägodelar), celibat, lydnad (vilja att följa de levnadsregler som angivits av Paramahansa Yogananda) och lojalitet (att hängivet tjäna Self-Realization Fellowship - den organisation som grundades av Paramahansa Yogananda). Genom succession från Paramahansaji som var medlem av Giri-grenen i

Indiens forntida munkorden, grundad av Swami Shankaracharya, tillhör även de av Self-Realization Fellowships munkar och nunnor som avger de slutgiltiga löftena, den forntida Shankara Ordern (se *swami*).

Self-Realization Fellowships Lektioner: Paramahansa Yoganandas läror, sammanställda till en omfattande serie hemstudie-lektioner för uppriktiga sanningssökare världen över. Dessa lektioner innehåller de tekniker för yogameditation som Paramahansa Yogananda undervisade i - inklusive (för dem som uppfyllt vissa steg) *Kriya Yoga*. Information om *Lektionerna* kan beställas från Self-Realization Fellowships internationella högkvarter (se sidan 137).

Sri Yukteswar (1855-1936): Paramahansa Yoganandas store guru, vilken han kallade *Jnanavatar* eller "Visdomens inkarnation."

swami: En medlem av Indiens äldsta munkorden, omorganiserad på sjuhundratalet av Swami Shankaracharya. En swami avger löften om celibat och avsägelse av världsliga ambitioner. Han ägnar sig åt meditation och tjänande av mänskligheten. Det finns tio klassificerade titlar knutna till Swamiorden, såsom *Giri, Puri, Bharati, Tirtha, Saraswati* och andra. Swami Sri Yukteswar (se *Sri Yukteswar*) och Paramahansa Yogananda tillhörde grenen *Giri* ("berg").

Vedaskrifterna: Hinduernas fyra skrifter: *Rig Veda, Sama Veda, Yayur Veda* och *Atharva Veda*. Huvudsakligen texter för lovsång och recitation. Inom den enorma indiska litteraturen är Vedaskrifterna (från Sanskrit *vid*, att veta) de enda som inte tillskrivs någon författare. *Rig Veda* anger att sångerna har ett gudomligt ursprung och berättar för oss att de förmedlats från "forna tider", iförda en ny språkdräkt. Gudomligt uppenbarade för *rishis* ("profeter") genom alla tidsåldrar, sägs Vedaskrifterna äga *nityatva* - "tidlös slutgiltighet".

yoga: Bokstavligen "förening" av människan med sin Skapare genom utövande av vetenskapliga tekniker för Förverkligande av

Självet. De tre främsta vägarna är *Jnana Yoga* (visdom), *Bhakti Yoga* (hängivenhet) och *Raja Yoga* (den "kungliga" eller vetenskapliga vägen, vilken inkluderar *Kriya Yoga* teknikerna). Den äldsta kvarvarande texten om den heliga vetenskapen är Patanjalis *Yoga Sutras*. Patanjalis levnadsår är okända, dock daterar en del forskare honom till det andra århundradet f. Kr.

yogi: En som praktiserar yoga. Denne behöver inte vara munk eller nunna. För en yogi handlar det om att dagligen utöva vetenskapliga tekniker för förverkligande av Gud.

Yogananda: Namnet Yogananda är en kombination av två ord och betyder "lycksalighet (*ananda*) genom gudomlig förening (*yoga*)."

www.ingramcontent.com/pod-product-compliance
Lightning Source LLC
LaVergne TN
LVHW011352080426
835511LV00005B/255